POLYGLOTT on tour

Lissabon

Die Autorin
Susanne Lipps

Unser E-Book-Code zur elektronischen Erweiterung des POLYGLOTT on tour. Das kostenlose E-Book enthält die im Reiseführer aufgeführten Adressen entlang der Touren, beispielsweise zu Essen und Trinken, Shoppen, Aktivitäten und Hotel-Tipps. Links auf einen externen Kartendienst vereinfachen das Auffinden dieser Adressen.

**Mit großer Faltkarte
& 80 Stickern
für die individuelle Planung**

www.polyglott.de

6 Typisch

SPECIALS

- 28 Kinder
- 44 Lissabonner Nächte
- 64 Melodie der Sehnsucht
- 107 Águas Livres
- 130 Freizeitspaß im EXPO-Park
- 134 Schicke Fußballstadien

- 8 Lissabon ist eine Reise wert!
- 11 Reisebarometer
- 12 50 Dinge, die Sie …
- 19 Was steckt dahinter?
- 159 Meine Entdeckungen
- 160 Checkliste Lissabon

ERSTKLASSIG!

- 27 Nostalgische Verkehrsmittel
- 30 Strände bei Lissabon
- 32 Charmant übernachten
- 36 Typisch genießen
- 40 Besondere Märkte
- 43 Aperitif mit Aussicht
- 59 Die sehenswertesten Museen
- 60 Die schönsten Gärten und Parks
- 77 Die reizvollsten Aussichtspunkte
- 118 Lissabon gratis entdecken

20 Reiseplanung & Adressen

- 22 Die Stadtviertel im Überblick
- 24 Klima & Reisezeit
- 25 Anreise
- 26 Stadtverkehr
- 30 Sport & Aktivitäten
- 31 Unterkunft
- 34 Essen & Trinken
- 39 Shopping
- 42 Am Abend
- 151 Infos von A–Z
- 154 Register & Impressum

ALLGEMEINE KARTEN

- 4 Übersichtskarte der Kapitel
- 48 Die Lage von Lissabon
- 132 Ausflüge

46 Land & Leute

- 48 Steckbrief
- 50 Geschichte im Überblick
- 53 Kunst & Kultur
- 62 Feste & Veranstaltungen
- 158 Mini-Dolmetscher

STADTTEIL-KARTEN

- 70 Altstadt
- 83 Baixa
- 90 Oberstadt und westliche Innenstadt
- 111 Avenida da Liberdade
- 117 Avenidas Novas
- 121 Belém

SYMBOLE ALLGEMEIN

 Besondere Tipps der Autoren

 Specials zu besonderen Aktivitäten und Erlebnissen

 Spannende Anekdoten zum Reiseziel

⭐ Top-Highlights und
⭐ Highlights der Destination

Top-Touren & Sehenswertes

68 Altstadt
69 Tour ❶ Zurück zu den Anfängen

79 Baixa
81 Tour ❷ Geschäftsviertel vom Reißbrett

87 Oberstadt und westliche Innenstadt
89 Tour ❸ Chiado und Bairro Alto
99 Tour ❹ Westlich des Zentrums

108 Avenidas
109 Tour ❺ Avenida da Liberdade
115 Tour ❻ Avenidas Novas

119 Belém
120 Tour ❼ Denkmäler der Seefahrerzeit

127 Ausflüge & Extra-Touren
128 Museu Nacional do Azulejo
129 Museu da Água
129 Museen am Campo Grande
132 Quinta do Monteiro Mor
133 Monsanto
135 Estoril und Cascais
137 Entlang der Atlantikküste
139 Sintra und Umgebung
144 Rokokopalast von Queluz
145 Klosterschloss von Mafra
146 Tour ❽ Ein Wochenende in Portugals Hauptstadt
147 Tour ❾ Fünftägige Städtereise Lissabon
149 Tour ❿ Mit ungewöhnlichen Verkehrsmitteln unterwegs
150 Tour ⓫ Kunstvolle Fliesen – eine Thementour

	TOUR-SYMBOLE		**PREIS-SYMBOLE**	
❶	Die POLYGLOTT-Touren		Hotel DZ	Restaurant
6	Stationen einer Tour	€	bis 90 EUR	bis 10 EUR
❶	Zwischenstopp Essen & Trinken	€€	90 bis 180 EUR	10 bis 20 EUR
①	Hinweis auf 50 Dinge	€€€	über 180 EUR	über 20 EUR
[A1]	Die Koordinate verweist auf die Platzierung in der Faltkarte			
[a1]	Platzierung Rückseite Faltkarte			

Top 12 Highlights

1. Castelo de São Jorge › S. 72
2. Alfama › S. 73
3. Igreja de São Vicente de Fora › S. 75
4. Elevador de Santa Justa › S. 82
5. Café A Brasileira › S. 89
6. Bairro Alto › S. 95
7. Museu Nacional de Arte Antiga › S. 102
8. Museu Calouste Gulbenkian › S. 114
9. Belém › S. 120
10. Museu Nacional do Azulejo › S. 128
11. Parque das Nações mit Oceanário › S. 130
12. Sintra › S. 139

1 Touren-Start

Perfekte Planung — Parallel Klappe vorne links aufschlagen

Kurvenfahrt mit der nostalgischen Straßenbahn um die Kathedrale

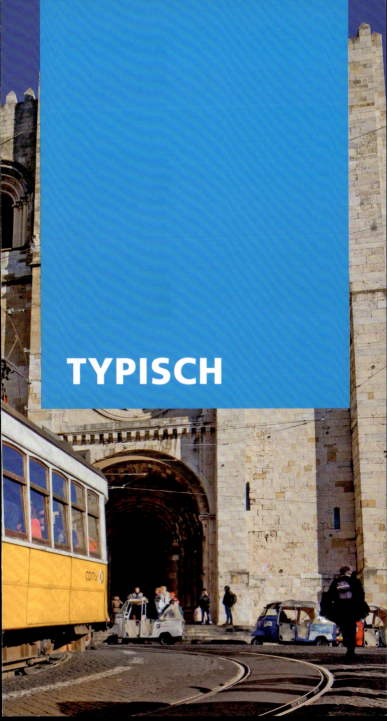

TYPISCH

Lissabon ist eine Reise wert!

Die wunderschöne Stadt an der breiten Mündung des Tejo ist ein Eldorado für Nostalgiefans und wirkt doch keineswegs antiquiert, sondern sprüht vor Leben. In puncto moderne Architektur, Gastronomie, Shopping und Nightlife setzt die portugiesische Hauptstadt Akzente.

Die Autorin **Susanne Lipps** ist promovierte Geografin und auf Reiseführer zu Portugal und Spanien spezialisiert. Für die Reihe Polyglott on tour betreut sie auch die Bände Algarve, Madeira und Azoren. Lissabon besucht sie seit über 20 Jahren als Studienreiseleiterin oder auf zahlreichen Privatreisen, wobei es sie immer wieder auf die Miradouros zieht, die grandiosen Aussichtspunkte der Stadt.

Auf dem Weg hinauf zum Castelo de São Jorge springen Souvenirs ins Auge. Keramikhähne – das portugiesische Wahrzeichen –, bunt bemalte Fliesen, kleine Dinge aus Kork füllen die Schaufenster der Andenkenläden. Doch in diese schaue ich später.

Jetzt zieht es mich zunächst zum Burggelände hinauf, wo eine Lehrerin ihrer Schülergruppe gerade die Reconquista erläutert. Die meisten bemühen sich mit großem Ernst, ihren Ausführungen zu folgen. Einige haben sich hingegen in die Nischen an der Wehrmauer verzogen,

Panoramablick auf die Stadt und den Tejo

Lissabon ist eine Reise wert!

Nationales Symbol Portugals: der Hahn von Barcelos

genießen den wunderbaren Blick über die Dächer der Stadt und denken vermutlich schon an später, an die Mittagspause, in der sie gemütlich durch die Gassen der Alfama bummeln können – des mit kleinen, typischen Lokalen und Geschäften gespickten angrenzenden Viertels. Mein erster Eindruck von Lissabon, damals vor vielen Jahren.

Seither hat sich manches geändert, doch der unverwechselbare Hauch dieser unbestimmten Sehnsucht, der *saudade,* die den Portugiesen nachgesagt wird, ist geblieben und manifestiert sich nicht nur in den traurigen Fadogesängen, die spät abends aus den schummrigen Kneipen der Altstadt tönen.

Es ist Oktober, eine Zeit, in der sich Lissabon von seiner vielleicht schönsten Seite zeigt. Gerade hat die sommerliche Hitze einer kühleren Witterung mit besonders klarer Luft Platz gemacht. An der Uferfront Fährschiffen und Fischerbooten zuzuschauen, wie sie auf dem Fluss beschaulich ihre Bahn ziehen, zählt für mich zu den Attraktionen des Herbstes in der Stadt. Wenn ich länger verweilen möchte, genieße ich die Sonne auf einer der Esplanadas, in den schicken Cafés in den früheren Hafendocks.

Dann nichts wie ab zum Mercado da Ribeira. Eine gewaltige, weiße Kuppel krönt die verspielte Fassade der Markthalle. Ältere Männer aus den angrenzenden Wohnquartieren treffen sich vor ihr traditionell zu einem Plausch und achten kaum auf das Kommen und Gehen durch die drei repräsentativen, der Küstenstraße zugewandten Tore. Innen ist auf langen Tischen alles ausgebreitet, was die portugiesischen Provinzen liefern: Zitrusfrüchte von der milden Algarve liegen einträchtig neben pikanten Oliven aus dem trockenheißen Alentejo, aromatische Bananen aus Madeira neben duftender Ananas von den

Fado hautnah erleben – im Bairro Alto oder in der Alfama

Lissabon ist eine Reise wert!

Mit einer der alten Straßenbahnen durch Lissabon zuckeln

Azoren. Niemals werde ich mich an dieser Vielfalt sattsehen können und natürlich kann ich nicht widerstehen, ein paar der Köstlichkeiten zu erstehen.

Der Markthändler erzählt von seinen Sorgen. »Der schöne Schein trügt«, sagt er. »Neuerdings bleiben die Käufer weg, gegen die großen Einkaufszentren am Stadtrand sind wir machtlos.« Schon beginnt er sich auf eine neue Klientel einzustellen: die Passagiere der Kreuzfahrtschiffe, die immer öfter in Lissabon anlegen.

Eine altertümliche Straßenbahn rattert heran. Ächzend kommt der Zug zum Stehen und entlässt seine Fahrgäste. Ich steige zu, lasse mich auf die kurze Fahrt zur Praça do Comércio ein – diesem riesigen Platz, der von geradezu monoton wirkenden Zweckbauten des 18. Jhs. mit einheitlichen Fensterfronten und Arkadengängen gesäumt wird. Einziger Fixpunkt ist mittendrin die Reiterstatue auf einem Sockel.

Unwillkürlich schweift der Blick auch hier wieder Richtung Tejo, zur einzigen unbebaut gebliebenen Seite der Praça. Dort, wo heute eine von Radfahrern und Joggern frequentierte Promenade verläuft, legten früher die Handelsschiffe voll beladen mit Kostbarkeiten aus Übersee an. Die wertvolle Fracht wurde unter den Bogengängen der Handelshäuser gestapelt, wo Kaufleute aus ganz Europa in einem Sprachengewirr ohnegleichen über die günstigsten Preise verhandelten. Ein Relikt dieser vergangenen Zeiten ist das älteste Café Lissabons, das Martinho da Arcada, wo auch Fernando Pessoa zu verkehren pflegte. Heute tapezieren Fotos und Zeitungsartikel über den großen Poeten die Wände.

Ich schlendere durch die Baixa, die geometrisch angelegte, noble Unterstadt. Mein Ziel ist der Rossio, wo immer etwas los ist. Eine Blumenfrau hat ihren Stand neben einem der Brunnen auf dem Platz. Vielleicht einen bunten Strauß mitnehmen? Stattdessen genehmige ich mir lieber eine *bica*, wie der Espresso in Lissabon genannt wird, im Traditionscafé Nicola. Jetzt habe ich die Qual der Wahl. Ich möchte so vieles: Mit dem Aufzug Santa Justa zum Largo do Carmo und ins Shoppingviertel Chiado hinaufschweben, mit der Metro zur Avantgarde-Architektur im Parque das Nações, durch den Botanischen Garten mit seiner exotischen Flora schlendern und und und …

Reisebarometer

Was macht Lissabon so besonders? Vielleicht die nostalgischen Details, die das alte Europa noch lebendig erscheinen lassen. Aber auch das dritte Jahrtausend hat in Portugals Metropole Einzug gehalten, die Mischung macht's.

Beeindruckende Architektur
Imposante Kirchen, Paläste, Brücken und Fußballstadien

Grüne Oasen
Romantische Parks, exotische Gärten, Promenaden am Fluss und luftige Aussichtsplätze auf den Stadthügeln

Kultur- und Eventangebot
Konzerte für jeden Geschmack: Jazz, Rock, Klassik

Museen und Besichtigungen
Vom Mittelalter über die Entdeckerzeit bis zum Barock

Typische Esslokale
Bierlokale, Literatentreffs und Fado-Restaurants

Spaß und Abwechslung für Kinder
Eintauchen in die Welt der Seefahrer in Belém oder Wissenschaft zum Anfassen und Aquarium im Expo-Park

Shopping traditionell und modern
Alteingesessene Läden und futuristische Einkaufszentren

Ausgehszene
Nachtleben in Altstadtkneipen und coolen Hafenbars

Ausflüge vor die Tore der Stadt
Sommerfrische Sintra, Queluz, Mafra und nahe Strände

Preis-Leistungs-Verhältnis
Kein Billigreiseziel, aber etwas günstiger als bei uns

● = gut   ●●●●●● = übertrifft alle Erwartungen

50 Dinge, die Sie …

Hier wird entdeckt, probiert, gestaunt, Urlaubserinnerungen werden gesammelt und Fettnäpfe clever umgangen. Diese Tipps machen Lust auf mehr und lassen Sie die ganz typischen Seiten erleben. Viel Spaß dabei!

… erleben sollten

1 Nostalgische Tram Auf und ab, durch enge Gassen, vorbei an kleinen Läden, zockelt der Eléctrico Nr. 28 › **S. 69** (Ticket 2,90 €); immer voll besetzt, da ihn viele Bewohner als ganz normales Verkehrsmittel nutzen. Also gleich an der Starthaltestelle der Tram in Prazeres [C4] einen Fensterplatz sichern!

2 Zu später Stunde im Ascensor da Glória Nachtschwärmer genießen die Talfahrt in der schiefen Aufzugskabine vom Bairro Alto zur Baixa › **S. 94**. Altmodische Laternen tauchen die steile Bahnstrecke und die seitlich kühn in den Hang gebauten Häuser in ein warmes Licht.

3 Eintauchen in die Unterwelt Nehmen Sie eine Taschenlampe mit zur Führung durch die schummrige Galeria do Loreto [E4]. 1,6 km der ältesten Wasserleitung der Stadt sind für die Öffentlichkeit zugänglich (Führungen Fr 15 und jeden letzten Sa 11 Uhr, 5 €, Reservatório da Mãe d'Água das Amoreiras, mit Voranmeldung: Tel. 218 100 215).

4 Eine Nacht bei den Haien Das Oceanário de Lisboa › **S. 131** lädt zum Abenteuer ein: Nur durch eine Glasscheibe getrennt können Sie bei den Haien schlafen (ganzjährig, nur nach Voranmeldung, 60 € pro Teilnehmer). Schlafsack mitbringen!

5 Bunter Marathon Von fetziger Livemusik begleitet, können Sie die Teilnehmer des Rock 'n' Roll Lisbon Marathon › **S. 63** beim Start in Cascais anfeuern. Die Läufer »schweben« am Tejo-Ufer entlang bis zum Parque das Nações, wo zur Siegerehrung die große Party steigt (www.runrocknroll.com/lisbon).

6 Begehbare Dachlandschaft Lissabons neueste kulturelle Errungenschaft ist das MAAT in Belém. Von dem Dach des geschwungenen Gebäudes eröffnen sich neue Perspektiven auf den Tejo, dabei lässt sich wunderbar die futuristische Architektur im Einklang mit Stadt und Fluss erspüren › **S. 126**.

7 Lissabon by bike Keine Angst, bei der geführten Sightseeing-Radtour durch Lissabon muss man keine Hügel hinauffahren! Im Gegenteil, es geht immer leicht bergab: vom oberen Ende des Parque Eduardo VII. in die Baixa und am Tejo entlang bis Belém (Lisbon Bike Tours, ca. 3 Std., 32,50 €, www.lisbonbiketour.com).

50 Dinge, die Sie …

⑧ **Kochkurs auf Portugiesisch**
In vierstündigen Workshops lernen Sie, ein landestypisches Menü mit frischen Zutaten zuzubereiten, gern mit Fisch und Meeresfrüchten, das anschließend gemeinsam verspeist wird (Di, Mi, Fr, So ab 18.30 Uhr, 70 €, Rua Cidade de Liverpool 16 D [G3], Tel. 916 047 883, www.cookinglisbon.com).

⑨ **Ältester Trödelmarkt Lissabons** Hunderte von Händlern und Käufern feilschen auf der Feira da Ladra um die besten Preise › S. 76. Stöbern auch Sie nach originellen Stücken. Geheimtipp für Sammler: historische Bügeleisen!

⑩ **Szenestrand** Praia Cabana do Pescador heißt einer der südlichsten Strandabschnitte der Costa da Caparica › S. 30, an dem sich junge Lisboetas einfinden, um spontan ihren Spaß beim Beachvolleyball zu haben. Danach entspannt man sich in dem loungigen Strandcafé Cabana do Pescador (www.acabanadopescador.com).

… probieren sollten

⑪ **Puddingtörtchen in Klostertradition** Das köstlichste Gebäck Lissabons, aus Vanillepudding und Blätterteig kreiert, hält die Fábrica dos Pastéis de Belém › S. 125 bereit. Am besten vor Ort warm genießen.

⑫ **Gegrillte Sardinen** Kaum eine Kneipe in der Alfama, vor der im

Schnäppchenjagd auf der Feira da Ladra

Sommer nicht auf glühend heißem Rost die *sardinhas* brutzeln › S. 74. Die schmackhaften Sardinen isst man z. B. in dem Open-Air-Restaurant Pateo 13 › S. 36, wo man besonders lauschig sitzt.

⑬ **Stockfisch** 365 Rezepte für *bacalhau,* für jeden Tag des Jahres eines, gibt es angeblich in Portugal. Urige Bierlokale servieren die Delikatesse mit dem etwas eigenwilligen Geschmack. Eine der besten Adressen: Cervejaria Ribadouro › S. 35.

⑭ **Einst dem Adel vorbehalten**
Aphrodisierende Wirkung wurde in früheren Zeiten der heißen Schokolade nachgesagt. Ob dies auch heute noch zutrifft, lässt sich in der Pasteleria Suiça › S. 39 überprüfen, wo das ehemalige Lieblingsgetränk der Noblesse nach Originalrezepten zubereitet wird.

⑮ **Alles biologisch** Obst, Käse, Kräutertees und vieles mehr von regionalen Erzeugern bietet der Mercado Agrobio › S. 40. Probieren Sie

Wunderschöne Fliesen im Azulejo-Museum

unbedingt die Tomatenkonfitüre vom Stand der Casa da Caldeira, einem Pionier der biologischen Landwirtschaft in Portugal. Intensiver im Geschmack geht kaum!

⑯ **Schweinefleisch mit Venusmuscheln** Eines der beliebtesten Rezepte der portugiesischen Küche stammt aus der Region Alentejo. Paprikapulver, Lorbeer, Knoblauch und Wein geben die Würze. Zu probieren z. B. im Restaurant O Magano › **S. 36**.

⑰ **Deftiges vom Grill** Brasilianische Einwanderer brachten ihre Küche mit, in der Rindfleisch und Huhn eine gewichtige Rolle spielen. Churrasco nennen sie die Zubereitungsart über Holzkohlenglut. In spezialisierten Lokalen versuchen, etwa im Picanha › **S. 102**.

⑱ **Ein Klassiker unter den Weinen** Portwein, ein süffiger Aperitif aus dem Norden des Landes, ist auch von Lissabonner Tischen bei besonderen Anlässen nicht wegzudenken. Über 300 Sorten hält das Solar do Vinho do Porto zum Probieren und Kaufen bereit › **S. 95**.

⑲ **Moderne Petiscos** Als leichtes Gericht oder Zwischenmahlzeit verspeisen die Lisboetas gerne *petiscos,* die portugiesische Version der Tapas. Im loungigen Gastropub Os Bons Malandros [F5] in der Ausgehgasse Bica gibt es die köstlichsten Variationen bis spät in die Nacht! (Rua da Bica de Duarte Belo 51, Tel. 962 909 572, Mo–Mi 18.30 bis 1, Do–Sa bis 2 Uhr.)

⑳ **Sauerkirschlikör** In dem winzigen Ladenlokal in der Baixa wird nichts anderes ausgeschenkt als *ginjinha,* ein Sauerkirschlikör, für den ein buntes Publikum aus Geschäftsleuten, Hausfrauen und Touristen gerne Schlange steht (A Ginjinha [F4], Largo de Sao Domingos 8).

... bestaunen sollten

㉑ **Altar der Superlative** Mittelalterexperten drängen sich um den Vinzenz-Altar im Museu Nacional de Arte Antiga › **S. 102**. Alle, die zu Beginn der Entdeckungsfahrten in Portugal Rang und Namen hatten, sind auf dem mehrteiligen Tafelbild rund um den namengebenden Heiligen versammelt.

㉒ **Lissabon auf 1400 Keramikfliesen** Stolz kann das Azulejo-Museum › **S. 128** auf ein 23 m (!) langes Fliesenbild sein, das Lissabon vor dem großen Erdbeben von 1755 zeigt. Unzählige Details warten darauf, entdeckt zu werden.

㉓ **Eine Brücke vom Feinsten** Mit elegantem Schwung überspannt seit 1998 die Ponte Vasco da Gama › **S. 57** den breiten Mündungstrichter des Tejo und überbrückt dabei mehr als 17 km spiegelglatte Wasserfläche. Ein Ingenieurprojekt, das seinesgleichen sucht.

㉔ **Mosaik in Hell und Dunkel** Frühmorgens, wenn die Stadt gerade erwacht, erweist sich der Lichteinfall als günstig, um die fantasievollen Pflastermosaiken im Parque das Nações › **S. 130** in Augenschein zu nehmen, die teils originelle, teils auch skurrile Tierfiguren abbilden.

㉕ **Fluss-Panorama** Einfach genial der Blick von der Statue des Cristo Rei über den Tejo hinweg nach Lissabon (Fähre vom Cais do Sodré nach Cacilhas, weiter mit Bus 101, www.cristorei.pt, Winter tgl. 9.30 bis 18.15, Sommer bis 19 Uhr, Eintritt 5 €).

㉖ **Ein skurriler Baum** Die tropische Banyan-Feige präsentiert sich als kuriose Attraktion des Jardim Botânico › **S. 98**. Dicke Luftwurzeln wachsen von den ausladenden Ästen herab als Stelzen zum Boden.

㉗ **Charme vergangener Zeiten** Fantasievoll geschmückte Kioske schossen zum Fin de Siècle wie Pilze aus dem Boden, um die Bürger Lissabons mit Fruchtsäften, Zeitungen und Lotterielosen zu versorgen. Besuchen Sie einen der wenigen Originale: den leuchtend roten Quiosque do Tivoli › **S. 112**.

㉘ **Romantische Ruine** Von der Igreja do Carmo › **S. 93** blieben nur die seitlichen Mauern. Wenn Sie eine besinnliche Pause an diesem friedlichen Ort einlegen, werden Sie das Dach sicherlich nicht vermissen. Ist dadurch doch der Blick auf den Himmel und die vorbeiziehenden Schäfchenwolken garantiert.

㉙ **Steinmetzpracht** Im Kreuzgang des Mosteiro dos Jerónimos › **S. 122** in Belém überziehen filigrane Verzierungen die Arkaden. Naturmotive der Renaissance gehen mit mittelalterlichen Groteskfiguren eine mysteriöse Mischung ein.

㉚ **Portugiesisches Neuschwanstein** Als Märchenschloss erster Güte werden Sie den Palácio da Pena › **S. 142** in der Serra de Sintra erleben. Ein Höhepunkt der Besichtigung: der Terraço da Rainha, eine grandiose Aussichtsterrasse, früher den Privatgemächern der Königin angeschlossen.

… mit nach Hause nehmen sollten

㉛ **Schinkenspezialität** Im Feinkostladen Manuel Tavares › **S. 40, 81** lohnt der Kauf des berühmten *presunto de barrancos*, eines milden, luftgetrockneten Schinken vom iberischen Schwein.

(32) **Für Kaffeegenießer** Über dem Holzfeuer mit Sorgfalt geröstet wird die Bohne Flor da Selva. Dank des speziellen Aromas eine neue Kaffeeerfahrung! Zu probieren und zu kaufen in der nostalgischen Rösterei in Madragoa [E5] (Travessa do Pasteleiro 32, Mo–Fr 9–13, 14–18 Uhr; geröstet wird Mo und Mi).

(33) **Aromatisches Öl** Von portugiesischen Landgütern kommt fruchtiges Olivenöl, das auch daheim Salate und Antipasti verfeinert. Beste Auswahl hochwertiger Sorten in den Läden am Flughafen. Qualitativ besonders hochwertig das Bio-Öl *Carm Grande Escolha*, aus von Hand geernteten Oliven der Sorten Madrual, Negrinha und Verdeal (www.carm.pt, 0,5 l ca. 16 €).

(34) **Sehnsuchtsvolle Lieder** Wer sich in den schmachtenden Fado-Gesang von Amália Rodrigues verliebt hat, findet die Werke der Diva im Shop des Museu do Fado › S. 75, etwa die Doppel-CD »Fado Milagroso« mit einer Auswahl ihrer berühmtesten Lieder.

(35) **Avantgarde der Mode** Darf es Haute Couture aus Portugal sein? Wer sich's leisten kann, schaut vielleicht im Showroom von Fátima Lopes › S. 41 vorbei. Charakteristisch sind ihre körperbetonten Sommerkleider.

(36) **Für verwöhnte Hände** Seit 1925 fertigt die Luvaria Ulisses › S. 40 feinste Lederhandschuhe für anspruchsvolle Kunden, gern in auffälligen Farben, etwa kräftiges Rot oder Gelb. Die Handarbeit hat natürlich ihren Preis (Paar ca. 50 €).

(37) **Gold und Silber** *Filigranas* heißen die zarten Schmuckstücke, die wie feines Gewebe erscheinen › S. 62. Ein besonderes Mitbringsel aus der Rua do Ouro (bzw. Rua Auréa) finden Sie bei Torres in einem der letzten Juweliergeschäfte in der »Goldstraße« [G5] (Nr. 253/255, www.torres.pt), etwa silberne Miniatur-Sehenswürdigkeiten.

(38) **Orientalisches Flair** Schöne Dinge aus Asien verkauft der Shop des Museu do Oriente › S. 103. Herausragend die zarten Teeschalen in den klassischen Farben Weiß, Rot und Schwarz. Dazu gibt es natürlich die passenden Kannen mit der typisch flachen, bauchigen Form.

(39) **Trockensträuße** Frische Blumengrüße überdauern wohl kaum die Heimreise. Doch erfreuen sich in Portugal auch getrocknete Blumen großer Beliebtheit. Erhältlich etwa bei Florista Santa Marta [F3], Rua Santa Marta 27-F, www.webflor.pt.

(40) **Ein Foto mit Fernando Pessoa** Fast schon Pflichtprogramm für Lissabon-Besucher: Neben der Bronzebüste des Literaten vor dem Café A Brasileira › S. 40, 89 Platz nehmen und sich mit dem Nationaldichter ablichten lassen.

(41) **Handgeknüpftes aus Arraiolos** Traditionelle Teppiche aus dem Alentejo sind nicht ganz billig, aber

wunderschön › **S. 41**. Dies gilt vor allem für Repliken im Stil des Klosters Madre de Deus, deren persische Originale (16. Jh.) im Museu Nacional de Arte Antiga ausgestellt sind.

… bleiben lassen sollten

㊷ **Getrennt zahlen** Kleinere oder größere Gruppen bekommen vom Kellner stets eine gemeinsame Rechnung. Entweder zahlt einer für alle oder es wird großzügig geteilt.

㊸ **Cappuccino bestellen** Die italienische Kaffeespezialität war bis vor Kurzem in Portugal gänzlich unbekannt. Heute wird sie, wenn überhaupt, mit einem Berg von Sprühsahne serviert. Alternative: *meia de leite,* ein mittelgroßer Milchkaffee.

㊹ **Stimmt so** Wer im Restaurant Trinkgeld geben möchte, lässt sich immer erst das Wechselgeld herausgeben. Beim Verlassen des Lokals bleiben dezent ein paar Münzen auf dem Rechnungsteller liegen.

㊺ **Nach Sintra in Sommerkleidung fahren** In der Serra de Sintra › **S. 139** herrschen auch im Sommer kühlere Temperaturen. Daher immer eine leichte Jacke mitnehmen.

㊻ **Ins erstbeste Fadolokal locken lassen** Wo Türsteher ihre Kneipe allzu hartnäckig empfehlen, ist oft Vorsicht geboten. Sie könnte entweder teuer oder nicht authentisch sein › **S. 96**.

Haute Couture im Showroom Fátima Lopes

㊼ **Schnäppchen bei Antiquitäten erwarten** Auch die Antiquitätenhändler in der Rua de Dom Pedro V. haben nichts zu verschenken › **S. 95**. Wer hier kauft, sollte die Preise im Internet recherchieren.

㊽ **In Jeans und Turnschuhen ins Nachtleben stürzen** Lissabons Schickeria putzt sich für die *noites* am Wochenende heraus. Wer nicht entsprechend aufgedresst erscheint, riskiert, in die In-Lokale gar nicht erst eingelassen zu werden.

㊾ **Am Sonntagabend auf spontane Restaurantsuche gehen** Viele Restaurants in Lissabon öffnen am Sonntag nur mittags oder gar nicht. Also vorher genau über die Öffnungszeiten informieren, um keine Enttäuschung zu erleben.

㊿ **Lissabon per Auto erkunden** Mit dem eigenen Auto oder Mietwagen macht das Fahren in der Rush Hour keine Laune. Und Parkplätze sind rar und teuer. Besser öffentliche Verkehrsmittel benutzen › **S. 26**.

Die ganze Welt von POLYGLOTT

Mit POLYGLOTT ganz entspannt auf Reisen gehen. Denn bei über 150 Zielen ist der richtige Begleiter sicher dabei. Unter www.polyglott.de können Sie ganz einfach direkt bestellen. GUTE REISE!

Meine Reise, meine APP!

Ob neues Lieblingsrestaurant, der kleine Traumstrand oder ein besonderes Erlebnis: Die kostenfreie App von POLYGLOTT ist Ihre persönliche Reise-App. Damit halten Sie Ihre ganz individuellen Entdeckungen mit Fotos und Adresse fest, verorten sie in einer Karte, machen Anmerkungen und können sie mit anderen teilen.

Kostenloses Navi-E-Book

Unser E-Book-Code zur elektronischen Erweiterung des POLYGLOTT on tour. Das kostenlose E-Book enthält die im Reiseführer aufgeführten Adressen entlang der Touren, beispielsweise zu Essen und Trinken, Shoppen, Aktivitäten und Hotel-Tipps. Links auf einen externen Kartendienst vereinfachen das Auffinden dieser Adressen.

Geführte Tour gefällig?

Wie wäre es mit einer spannenden Stadtrundfahrt, einer auf Ihre Wünsche abgestimmten Führung, Tickets für Sehenswürdigkeiten ohne Warteschlange oder einem Flughafentransfer?
Buchen Sie auf **www.polyglott.de/tourbuchung** mit rent-a-guide bei einem der deutschsprachigen Guides und Anbieter weltweit vor Ort.

www.polyglott.de

Besuchen Sie uns auch auf facebook.

Was steckt dahinter?

Die kleinen Geheimnisse sind oftmals die spannendsten. Wir erzählen die Geschichten hinter den Kulissen und lüften für Sie den Vorhang.

Warum ist Stockfisch in Lissabon so beliebt?

Die Spezialität vieler Lokale heißt *bacalhau*, was eigentlich Kabeljau bedeutet, aber dessen getrocknete Variante – den Stock- oder Klippfisch – bezeichnet. Heute wird er vorwiegend aus Norwegen importiert. In früheren Jahrhunderten fingen portugiesische Fischer den Kabeljau vor der Küste Neufundlands und konservierten ihn für die lange Heimfahrt durch das Dörren in Sonne und Wind. In den Regionen des Inlands war *bacalhau* in Zeiten ohne Kühlmöglichkeiten der einzige verfügbare Seefisch und zugleich eine Arme-Leute-Speise.

Heute zählt *bacalhau* in den Lissabonner Restaurants eher zu den teureren Speisen, auch weil die Zubereitung gar nicht so einfach ist. Auf das richtige Wässern kommt es an, dann schmeckt der Stockfisch gar nicht streng, sondern überraschend zart und mild.

Warum heißt der Espresso Bica?

Außer in Lissabon ist dieser Begriff nur auf Madeira wirklich verbreitet. In Porto nennt man ihn *cimbalino*, im Rest des Landes meist schlicht und einfach *café*. Angeblich fanden die Lisboetas den kleinen schwarzen Kaffee bei seiner Einführung 1905 durch das Café A Brasileira zu bitter. So wurde den Gästen empfohlen: »*Beba isso com açúcar*« (»Trinken Sie dies mit Zucker«), damit der bittere Geschmack gemildert wird. Wahrscheinlicher aber bezieht sich das Wort *bica*, das wörtlich »Ausgussrohr« bedeutet, einfach auf den entsprechenden Teil der Espressomaschine. Wenn Sie übrigens »*um café cheio*« bestellen, bekommen Sie einen doppelten Espresso.

Warum fliegen Adler über das Estádio da Luz?

Der Adler als Wappentier von Benfica Lisboa ziert die Spielertrikots und wacht symbolisch als Skulptur über dem Eingang des Estádio da Luz. Vor Beginn jeder Heimpartie schwebt allerdings ein echtes Exemplar dieser majestätischen Greifvögel über die Zuschauerränge hinweg, zur Freude der Fans. Ein Falkner kümmert sich liebevoll um die zwei Weißkopf-Seeadler, die zu diesem Zweck gehalten werden und sich bei ihren Einsätzen abwechseln. Sie heißen Vitória und Gloriosa, was zusammengefügt soviel wie »glorreicher Sieg« bedeutet. Seit den 1990er-Jahren sitzt bei Benfica immer ein Adler als Maskottchen im Stadion, der die Mannschaft auch zu Auswärtsspielen begleitet. Mit Einweihung des Estádio da Luz 2004 etablierte sich dann das Ritual des Adlerflugs.

Die Praça do Comércio mit Triumphbogen und dem Reiterdenkmal von Dom José I.

REISE-PLANUNG & ADRESSEN

Die Stadtviertel im Überblick

Verwinkelte Altstadtquartiere verströmen Flair. Mondän zeigt sich die barocke Baixa, lebendig die historische Oberstadt. An der Peripherie stehen Villen und Bürotürme an breiten Alleen.

Rings um den 120 m hohen Burgberg, auf dem das Castelo de São Jorge thront, scharen sich die Viertel von Lissabons **Altstadt:** das Fischerquartier Alfama mit seinem romantischen Gassengewirr, das sehr ursprüngliche Viertel Graça und die auf maurische Zeiten zurückgehende Mouraria. Prunkvolle Kirchen und grandiose Aussichtspunkte sind hier die großen Attraktionen, doch daneben gibt es viele Details, nette kleine Plätze und urige Lokale zu entdecken. Eine altertümliche Straßenbahn aus der Zeit um 1900 dreht ihre Runden durch diesen wohl nostalgischsten Teil der Stadt.

Nach dem schweren Erdbeben von 1755 entstand die **Baixa,** Lissabons Unterstadt, völlig neu als Viertel der Händler. Weder Kirchen noch Adelspaläste wurden vorgesehen. Vornehme Geschäftshäuser säumen die regelmäßig und rechtwinklig angelegten Straßenzüge. Sie beherbergen heute vor allem Bekleidungsläden und Souvenirgeschäfte. In der Baixa und rund um ihre Eingangspforten, die weitläufigen Plätze Rossio und Praça do Comércio, kann man auch gut Essen gehen – in jeder Preisklasse.

Westlich der Baixa bildet die **Oberstadt** das Gegenstück zur vis-à-vis gelegenen Altstadt. Auch sie wurde auf einem Hügel, in bester Aussichtslage, angelegt. Zwei ehrwürdige Standseilbahnen und ein nicht minder betagter Aufzug führen zu den historischen Vierteln der Oberstadt hinauf. Im noblen Chiado entstanden im 19. Jh., in der Gründerzeit, prächtige Bürgerhäu-

Der Elevador Santa Justa verbindet die Baixa mit der Oberstadt

Die Stadtviertel im Überblick

ser. Die Literaten der damaligen Zeit wussten die kreative Atmosphäre des »A Brasileira« und anderer Kaffeehäuser im **Chiado** zu schätzen. Bunter und weniger vornehm wirkt das **Bairro Alto**. Hier reihen sich alternative Boutiquen und Werkstätten von Jungkünstlern aneinander. Abends und nachts beleben sich die kleinen Ess- und Fadolokale. Ruhiger geht es in der angrenzenden **westlichen Innenstadt** zu, einem Mosaik aus Wohngegenden für mehr oder weniger Betuchte, unter denen das Parlamentsviertel und das Künstlerquartier Campo de Ourique herausragen. Highlights unter den Besichtigungsobjekten sind das Nationalmuseum der Alten Kunst, die Basílica da Estrela und der eigenartige Friedhof von Prazeres.

Neueren Datums, nämlich der Stadterweiterung im 20. Jh. zu verdanken, sind die **Avenidas**. Als Prachtallee führt die in der Jugendstilepoche angelegte Avenida da Liberdade, vom Rossio ausgehend, aus der Stadt heraus. Auch wenn ihre Glanzzeiten vorüber sind, so lieben es Flaneure noch immer, die Auslagen der teuren Designer- und Juwelirgeschäfte zu betrachten, sich im Schatten hoher Bäume in Straßencafés niederzulassen, durch den weitläufigen Parque Eduardo VII. oder das hochkarätige Museu Calouste Gulbenkian zu schlendern und abends vielleicht eines der Varietétheater oder Kinos an der Avenida zu besuchen. Gänzlich anderen Charakters sind die neueren Avenidas weiter nordöstlich. Zu Beginn des Jahrtausends entstanden dort gläserne Bürohochhäuser.

Zu jedem Lissabon-Besuch gehört ein Abstecher in das Richtung Atlantik vorgeschobene Villenviertel **Belém**, wo im 15. und 16. Jh. die großen Entdecker in See stachen und nach glücklicher Rückkehr triumphal empfangen wurden. Hier residierten die portugiesischen Könige, umgeben von ihrem Adel. Absolute Höhepunkte stellen das Hieronymitenkloster und die Torre de Belém dar, beide von der UNESCO als Weltkulturerbe ausgezeichnet. Daneben locken weitere interessante Museen und tropische Parks mit exotischer Flora.

Daran gedacht?

Einfach abhaken und entspannt abreisen

- ☐ **Sprachführer Portugiesisch besorgen**
- ☐ **Stadion- oder Konzertbesuch geplant? Möglichst von zu Hause aus buchen.**
- ☐ **Personalausweis einstecken**
- ☐ **Kreditkarte und/oder Bankkarte mitnehmen**
- ☐ **Flug-/Bahntickets, Hotelvoucher**
- ☐ **Kopien von Personalausweis und Reiseunterlagen machen**
- ☐ **Ladegeräte für Handy, Tablet, Foto & Co. einstecken**
- ☐ **Sonnen- und Regenschutz, einpacken**
- ☐ **Bequeme Schuhe**
- ☐ **Sitter für Pflanzen und Tiere organisieren**

Klima & Reisezeit

Für Stadtbesichtigungen eignen sich das Frühjahr von April bis Juni und der frühe Herbst (September, Oktober) am besten.

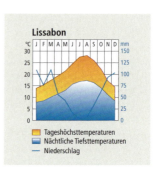

Das Wetter in Lissabon ist so kontrastreich wie die Stadt selbst. Es wird einerseits durch die südliche Lage – fast auf demselben Breitengrad wie Athen –, andererseits durch atlantische Einflüsse geprägt. Richtig ins Schwitzen kommt man meist nur im Hochsommer. Aber auch dann sind die Nächte erträglich. In den übrigen Jahreszeiten kann es immer wieder überraschend kühl werden; Regen und Nebelgrau sind keine Ausnahmeerscheinungen. Am feuchtesten sind Winter und Frühjahr bis etwa Mai. Frost gibt es nicht. Es grünt und blüht den ganzen milden Winter hindurch bis über das Frühjahr hinaus.

Fast den ganzen Juni über finden auf den Plätzen und Straßen Lissabons Stadtfeste statt. Im Juli und August kann es in der Stadt drückend warm sein, teilweise mit Temperaturen über 30 °C. Allerdings fällt kaum Niederschlag und Badesaison ist eigentlich nur in dieser Zeit. Hauptferienmonat in Portugal ist der August. Dann geht es in der Stadt sehr ruhig zu, weil alle ans Meer fahren. Ein besonderes Mikroklima hat die »Riviera« Lissabons, die Costa do Estoril. Hier sind die Winter mild und beständig, da dieser Küstenabschnitt durch seine Lage vor den Atlantikwinden geschützt ist. Auch die Bergregion von Sintra weist ein eigenes Mikroklima auf, mit viel Nebel und Feuchtigkeit sowie Temperaturen, die im Sommer meist erheblich unter denen Lissabons liegen.

Berühmt ist das atlantische Licht, das mit seinem Kontrast aus Sonnenhelligkeit und tiefen Schatten die blätternde Pracht der alten Stadt überglänzt. Nicht selten ist der Himmel aber auch milchig verschleiert und der Dunst verschluckt die Farben.

Praia da Ursa, westlich von Lissabon

Anreise

Mit dem Flugzeug

TAP Portugal (www.flytap.com) bietet Nonstop-Flüge von Düsseldorf, Frankfurt/M., Hamburg, München, Wien und Zürich nach Lissabon. Der Hin- und Rückflug kostet ab ca. 270 €, Sonderangebote ab 120 €. Weitere Anbieter sind Lufthansa, Austrian Airlines (mit Umsteigen) und Swiss. Vergleichsweise günstige Verbindungen von verschiedenen deutschen Flughäfen aus bietet Eurowings (www.eurowings.com), ab 160 € (hin/zurück, je nach Tarif).

Der **Aeroporto de Lisboa** (www.ana.pt) liegt 13 km nordöstlich des Stadtzentrums. In die City gelangt man mit dem Taxi (ca. 15 €; Táxi Voucher für 16 € am Ask-me-Schalter › S. 152), der U-Bahn Linha Vermelha, den Bussen Nr. 744 bis Praça Marquês de Pombal und Nr. 208 (Nachtbus) bis Cais do Sodré oder dem Aerobus Nr. 1 (www.aerobus.pt), der Praça Marquês de Pombal, Praça dos Restauradores, Rossio und den Cais do Sodré ansteuert (3,50 €; letzte Fahrt 23 Uhr). Infos bei der Touristeninformation in der Ankunftshalle.

Mit der Bahn

Die direkte Verbindung verläuft über Paris und Madrid. Ab Frankfurt/M. dauert die Reise mind. 26 Std. Preise auf Anfrage am Fahrkartenschalter im Bahnhof oder in Deutschland unter Tel. 0180/699 66 33. Meist lohnt der Kauf des InterRail Global Pass (www.interrail.eu; Erw. ab 26 J. 4 Wochen ab 626 €, Jugendliche bis 25 J. ab 479 €). Fernzüge und Züge aus dem Norden laufen am Bahnhof Santa Apolónia ein. Sie halten vorher am Hauptbahnhof Lisboa Oriente. An beiden Bahnhöfen besteht Metroanschluss.

Mit dem Europabus

Europabusse fahren mehrmals in der Woche von verschiedenen Städten in Deutschland aus nach Lissabon (Fahrzeit 30–40 Std.; einfache Fahrt ca. 140 €, hin und zurück ab 210 €). Die Busse halten in Lissabon am Busbahnhof Estação Sete Rios, Nähe Jardim Zoológico Ⓜ, oder am Oriente-Bahnhof. Infos und Buchung: Deutsche Touring (www.eurolines.de).

Mit dem Auto

Die Anreise mit dem eigenen Auto lohnt sich nur bei längeren Aufenthalten im Land. Von Frankfurt/M. fährt man bis Lissabon rund 2300 km. Für die Autobahnen in Frankreich, Spanien und Portugal muss man mit Mautgebühren in Höhe von ca. 100 € rechnen. Die grüne Versicherungskarte ist in Portugal empfehlenswert. Zudem ist der Abschluss einer Kurzzeit-Vollkaskoversicherung ratsam.

Stadtverkehr

Taxis

Taxis sind das bequemste Fortbewegungsmittel in Lissabon und auch erschwinglich. Taxameter sind obligatorisch. An Wochenenden, Feiertagen sowie nachts von 21 bis 6 Uhr gilt ein um 20 % höherer Tarif. Taxis stehen an Plätzen wie dem Rossio oder der Praça dos Restauradores bereit. Man kann die meist beigen Wagen auch vom Straßenrand heranwinken.

Öffentliche Verkehrsmittel

Busse, *eléctricos* (Straßenbahnen), *ascensores* (Standseilbahnen) und ein Aufzug *(elevador)* des Verkehrsunternehmens Carris (www.carris.pt) sowie die Metro (www.metrolisboa.pt) sorgen für den Personentransport innerhalb des Stadtgebiets. In den Großraum Lissabon verkehren weitere Busgesellschaften (www.transporlis.pt). An allen Verkaufskiosken von Carris und der Metro kann man für 0,50 € eine mehrfach verwendbare Chipkarte erwerben. Auf diese lassen sich Fahrten laden, z. B. Einzelfahrten (je 1,45 €), die eine Stunde lang gelten, auch in den *ascensores* › **S. 27,** oder Tageskarten für Bus, Straßenbahn, Metro *(bilhete 24 h rede)* für 6,15 €. In den Bussen und Bahnen von Carris sind auch Bordfahrkarten zu kaufen (1,80/2,85 €).

- **Busse:** Das Busnetz ist dicht, Busse sind zur Hauptverkehrszeit jedoch oft überfüllt. Zentrale Haltepunkte sind: Rossio, Praça dos Restauradores, Praça da Figueira, Praça do Comércio. Die Nachtlinien 201 bis 210 verkehren zwischen 0.30 und 5.30 Uhr (von/bis Cais do Sodré). Beim Einsteigen reiht man sich in die Schlange ein.

Die Tejo-Fähren verbinden das Nord- und Südufer des Tejo

Stadtverkehr

- **Eléctricos:** Die ❗ nostalgischen Straßenbahnen sind sehr beliebt. Die berühmte Linie 28 durchfährt die Altstadt. **50 Dinge** ① › S. 12. Die Linie 25 erschließt die Westseite der Innenstadt (Mo–Fr), Linie 12 den Burghügel.
- **Ascensores/Elevadores:** Sehr steile Hänge bewältigen die drei Standseilbahnen (Ascensor da Bica, Ascensor da Glória, Ascensor do Lavra; Ticket an Bord für max. 2 Fahrten 3,70 €), die alle vom Ende des 19. Jhs. stammen, sowie der Aufzug Elevador de Santa Justa von 1901 (max. 2 Fahrten 5,15 €), der die Unterstadt Baixa mit der Oberstadt verbindet.
- **Metro:** Das Streckennetz verbindet alle wichtigen Punkte der Stadt. Die Metro fährt von 6.30 bis 1 Uhr.

Mit der **Lisboa Card** › S. 152, einer in den Touristeninformationen erhältlichen Netzkarte, kann man in der Stadt alle Busse, Straßenbahnen und U-Bahnen nach Belieben benutzen. Auch die Züge nach Cascais und Sintra sind inbegriffen. Ferner gewährt die Lisboa Card in über 25 Museen sowie in den Schlössern von Ajuda, Queluz und Sintra freien und bei weiteren ermäßigten Eintritt; www.askmelisboa.com.

Fähren

Mehrere Fähren der Gesellschaft Transtejo/Soflusa (www.transtejo.pt) verbinden Lissabon mit dem gegenüberliegenden Südufer des Tejo. Nach Barreiro (Bahnanschluss) geht es ab Terreiro do Paço. Fähren nach Cacilhas, Montijo und Seixal legen vom Cais do Sodré ab. Von Belém bestehen Fährverbindungen nach Trafaria/Porto Brandão, wo u. a. gute Fischlokale locken.

Flussrundfahrten mit Yellow Boat Tour starten März–Nov. 4-mal tgl. (Dez.–Feb. 3-mal tgl. außer Mo) am Terreiro do Paço. Die Boote halten in Cacilhas und Belém, wo man aus- und zusteigen kann (Hop on hop off, Erw. 17,10 €, Kinder 9,50 €, Tel. 213 478 030, www.yellowbustours.com).

> **Erstklassig**
>
> ### Nostalgische Verkehrsmittel
>
> - Aus dem Stadtbild nicht wegzudenken sind die **nostalgischen Straßenbahnen.** Die sog. *Remodelados* sind modernisierte Altbautriebwagen (E), die auf den Linien 12, 18, 25 und 28 unterwegs sind › S. 27. Der **Eléctrico 12** z. B. erschließt die Altstadt rund ums Castelo de São Jorge.
> - Ein Schüler Gustave Eiffels schuf 1901 den eisernen Aufzug **Elevador de Santa Justa,** der Baixa und Chiado verbindet › S. 82.
> - Zum eindrucksvollen Miradouro São Pedro de Alcântara verkehrt der **Ascensor da Glória,** eine Standseilbahn von 1885 › S. 94.
> - Durch das steile Stadtviertel Bica gleitet die Standseilbahn **Ascensor da Bica** › S. 100.
> - Der **Ascensor do Lavra** von 1884 erklimmt schräg aufwärts einen Aussichtshügel mit dem Jardim do Torel › S. 110.

SPECIAL

Mit Kindern in der Stadt

Stadtbesichtigungen bereiten manchen Kindern eher begrenzt Freude. In Lissabon sind jedoch diverse Aktivitäten möglich, an denen auch kleine Besucher ihren Spaß haben werden. Zudem sind die Portugiesen traditionell kinderfreundlich. Der Nachwuchs ist überall gern gesehen. In den meisten Einrichtungen gibt es Kinderermäßigungen.

Im Restaurant

Restaurants halten meist kindgerechte Stühle bereit. Spezielle Kinderteller sind zwar noch nicht sehr verbreitet, doch kann man fast überall eine halbe Portion *(meia dose)* bestellen. Außer in exklusiven Restaurants können die Eltern zu ihren Mahlzeiten auch einen Extrateller kommen lassen *(um prato separado, um prato adicional)*.

Sehenswürdigkeiten

Eine Besonderheit, nicht nur für die Kinder, ist der Besuch des **Oceanário de Lisboa**, eines der größten Aquarien Europas auf dem ehemaligen EXPO-Gelände Parque das Nações. Publikumsliebling ist ein Seeotterpärchen (› **S. 131**, Kinder bis 3 Jahre frei, 4–12 Jahre 10 €, Erw. 15 €, Familienkarte 2 Erw./2 Kinder unter 12 Jahren 39 €). Neben dem Ozeanarium liegen die Wassergärten (Jardims da Água), die sich im Sommer herrlich zum Planschen eignen.

Ebenfalls im Parque das Nações werden im **Pavilhão do Conhecimento – Ciênca Viva** › **S. 130** naturwissenschaftliche Phänomene lebendig erklärt. Es ist auch möglich, selbst zu experimentieren. Neben der permanenten Schau gibt es wechselnde Ausstellungen und regelmäßig Mitmach-Aktionen (Kinder 3–6 Jahre 5 €, 7–17 Jahre 6 €, Erw. 9 €, Familienkarte 20 €).

Ältere Kinder zeigen häufig ein großes Interesse an den Naturwissenschaften. Diese Neugier wird auch im **Museu Nacional de História Natural e da Ciência** › S. 98 beim Botanischen Garten befriedigt. Besucher aller Altersgruppen sind hier gern gesehen. Die geologische Sektion befasst sich mit der Erforschung der Dinosaurier, denen viel Raum in der Ausstellung gewidmet ist. Die zoologische Abteilung gibt einen repräsentativen Überblick über die Tierwelt Portugals (Kinder unter 6 Jahre frei, 6–18 Jahre 3 €, Erw. 5 €, Familienkarte 12,50 €).

Zur Auflockerung einer Stadtbesichtigung bietet sich ein Besuch im **Jardim Zoológico** an. Der Zoo von Lissabon wurde 1884 eröffnet, seither mehrfach modernisiert und beherbergt heute über 2000 Tiere (Praça Marechal Humberto Delgado, www.zoo.pt, tgl. 10–18, Sommer bis 20 Uhr; Ⓜ Jardim Zoológico; Kinder 3–12 Jahre 14,50 €, Erw. 20,50 €).

Das **Museu da Marioneta** (Marionettenmuseum, › S. 102) ist in einem alten Kloster aus dem 17. Jh. untergebracht und zeigt mehr als 1000 Masken und Marionetten aus aller Welt. Regelmäßig gibt es auch Vorführungen (Erw. 5 €, Kinder bis 5 Jahre 1,50 €, 5–14 Jahre 3 €, Familienkarte 13 €).

Spannend sind die verschiedenen Führungen, die das **Museu da Água** veranstaltet, das Wassermuseum Lissabons. Je nach Programm wird über einen langen Aquädukt spaziert oder es geht in die Unterwelt einer Zisterne (› S. 129, Infos unter www.epal.pt).

Wer wollte als Kind nicht auf den Spuren der großen Entdecker wandeln? Portugal hat zwar keinen Kolumbus zu bieten, dafür aber Bartolomeu Dias, den Erstumrunder des Kaps der Guten Hoffnung, und Vasco da Gama, der als erster Europäer auf dem Seeweg Indien erreichte. Auf der Aussichtsplattform des Hafenturms **Torre de Belém** lässt sich noch heute nachvollziehen, wie die Karavellen bei ihrer Rückkehr von den dort Wartenden begeistert begrüßt wurden (› S. 124, Kinder bis 12 Jahre frei, Erw. 6 €). Und Belém hat noch mehr für Kinder zu bieten: Die geheimnisvollen, in Stein gehauenen Seefahrermotive am **Mosteiro dos Jerónimos** › S. 120 und das **Museu Nacional dos Coches** mit Prunkwagen aus königlichem Besitz (Kutschenmuseum › S. 125, Kinder bis 12 Jahre frei, Schüler mit Ausweis 3 €, Erw. 6 €).

Aktivitäten

Eine Fahrt mit der **Straßenbahnlinie 28** › S. 69, 149 kommt auch bei Kindern gut an, ebenso oder eine Fährüberfahrt oder ein Bootsausflug auf dem Tejo › S. 27.

Ein Paradies für Kinder dürfte der **Parque Florestal de Monsanto** westlich der Stadt sein › S. 126. Der weitläufige Park verfügt über mehrere Abenteuerspielplätze, Klettergärten und Inliner-Strecken; es gibt ausgedehnte Spazier- und Wanderwege sowie einige Restaurants.

Vorortzüge und Busse

Vorortzüge fahren im 15-/20-Minuten-Takt z. B. vom Bahnhof Cais do Sodré zur Costa do Estoril (Linha de Cascais) und Rossio-Bahnhof nach Queluz › S. 144 und Sintra (Linha de Sintra) › S. 139, Fahrpläne und Haltestellen unter www.cp.pt. An die Costa da Caparica gelangt man mit den Vorortbussen der TST ab Praça de Espanha (neben Ⓜ, www.tsuldotejo.pt). Busse nach Mafra › S. 145 starten am Campo Grande (neben Ⓜ, www.mafrense.pt).

Sport & Aktivitäten

In Lissabon kann man nicht nur als Spaziergänger bei der Stadterkundung aktiv sein. Jogger und Radfahrer haben das Tejo-Ufer für sich erobert und in der Umgebung locken Strände, Surfspots und Golfplätze.

! Erstklassig

Strände bei Lissabon

- Beliebter Volksbadestrand Lissabons ist die 20 km lange **Costa da Caparica** › S. 30 am Südufer des Tejo (TST-Busse 153 und 161 oder Fähre Cais do Sodré–Cacilhas, dann TST-Bus 135 bzw. 124).
- Der nostalgische Badeort **Estoril** besitzt kleine, saubere Strände, an denen eine tolle Promenade bis zum Hafen von Cascais entlangführt. › S. 136.
- Wild und windumtost präsentiert sich der großartige Dünenstrand **Praia do Guincho** an der westlichen Atlantikküste, wo allerdings die Wassertemperatur selten über 18 °C steigt. Ein Paradies für Windsurfer! › S. 138.
- Schöne Strandbuchten mit Fischlokalen liegen nördlich des Cabo da Roca im Umkreis des Badeorts **Praia das Maçãs** › S. 139.

Wellenreiten

Gute Wellen finden die Surfer in Carcavelos, dem größten Strand der Costa de Estoril. Es kann allerdings voll werden im Lineup! Mehr Platz im Wasser ist an der ! beliebten Costa da Caparica. **50 Dinge ⑩** › S. 13. Der Badeort **Ericeira** ist Austragungsort von ASP-Turnieren; weltbekannt ist der Strand Ribeira d'Ilhas. In Carcavelos, Ericeira und an der Costa da Caparica gibt es zahlreiche Surfschulen, alle verleihen Ausrüstung.

Golf

Neun renommierte Plätze machen die **Costa do Estoril** zum Mekka für Golfer (www.estorilgolf.com); weltbekannt sind die beiden Courts von Penha Longa (mit Luxushotel). Die längste Tradition hat Golf do Estoril, wo seit 1945 der Estoril Golf Club ansässig ist (nur für Gäste des Hotels Palácio Estoril). Golf mit Meerblick bietet das Sportresort mit 18-Loch-Platz Quinta da Marinha.

Unterkunft

Die meisten Hotels liegen im Umkreis der Avenida da Liberdade und der Pombal-Rotunde. Bei der Auswahl wurden vor allem zentral gelegene Hotels berücksichtigt, sodass man mitten im Geschehen wohnt und der Stadtbummel vor der Tür beginnt.

Luxushotels

Avenida Palace €€€ [F4]
Klassische Eleganz vereint mit 5-Sterne-Komfort in einem historischen Palast.
- Rua 1° de Dezembro 123
  Ⓜ Rossio
  Tel. 213 218 100
  www.hotelavenidapalace.pt

Bairro Alto Hotel €€€ [F5]
Stilvolles Hotel in einem restaurierten Altstadthaus. Edles Restaurant, schickes Café, Terrasse mit Tejo-Blick.
- Praça Luis Camões 2
  Bairro Alto | Ⓜ Baixa-Chiado
  Tel. 213 408 288
  www.bairroaltohotel.com

Ritz Four Seasons Lisboa €€€ [E3]
Zehnstöckiges Haus mit 282 großzügig geschnittenen Zimmern und Suiten, wertvolles Mobiliar, marmorne Bäder.
- Rua Rodrigo da Fonseca 88
  Ⓜ Marquês de Pombal bzw. Parque
  Tel. 213 811 400
  www.fourseasons.com/lisbon

Olissippo Lapa Palace €€€ [D5]
Das Hotel residiert in einem Gartenpalais des 19. Jhs. im Diplomatenviertel Lapa. Schöne Lage, mit Pool im Garten und Tejo-Blick, eleganter Stil.
- Rua do Pau da Bandeira 4
  Lapa | Tel. 213 949 494
  www.lapapalace.com

Pestana Palace €€€ [A5]
High-Class-Adresse zwischen Zentrum und dem Vorort Belém: Suiten im denkmalgeschützten Palast, Zimmer im neuen Anbau. Großzügiger Garten mit Café und Pool-See; innovatives Restaurant.
- Rua Jau 54 | Santo Amaro
  Tel. 213 615 600
  www.pestana.com

Komforthotels

Botânico €€ [F4]
Zwischen Botanischem Garten und Avenida da Liberdade gelegen. Funktional.
- Rua Mãe de Água 16–20
  Ⓜ Avenida
  Tel. 213 420 392
  www.hotelbotanico.pt

Gediegener Luxus im Ritz Four Seasons

> **Erstklassig**

Charmant übernachten

- Ein exquisites Boutiquehotel mit 20 Zimmern ist das **Solar do Castelo** [G5] (€€€) innerhalb der mittelalterlichen Burgmauern des Castelo São Jorge (Rua das Cozinhas 2, Castello, Tel. 218 806 050, www.heritage.pt).
- Als ein Idyll mit Gartenrestaurant präsentiert sich das **York House** [D5] (€€€) in einem ehemaligen Kloster. Zimmer zur Straße besser meiden (Rua das Janelas Verdes 32, Lapa, Tel. 213 962 435, www.yorkhouselisboa.com).
- Im **As Janelas Verdes** [D5] (€€€), einem kleinen Hotel mit viel Charme, neben dem Nationalen Kunstmuseum, wohnte ehemals der berühmte Romancier Eça de Queirós (Rua das Janelas Verdes 47, Lapa, Tel. 213 968 143, www.heritage.pt).
- Über schlichte, aber schmucke Zimmer verfügt das **Residencial Alegria** [F4] (€€), das zudem durch seine zentrale Lage nahe der Avenida da Liberdade besticht (Praça da Alegria 12, Ⓜ Avenida, Tel. 213 220 670, www.hotelalegria.pt).
- Nicht weit vom Rossio liegt das gemütliche **Residencial Florescente** [F4] (€) in einer Fußgängerzone. Unterschiedliche Zimmer und Preise (Rua das Portas de Santo Antão 99, Ⓜ Restauradores, Tel. 213 426 609, www.residencialflorescente.com).

Heritage Avenida Liberdade €€ [F4]
Ein Palast des 18. Jhs., modern und edel ausgestattet, 42 Zimmer.
- Avenida da Liberdade 28
  Ⓜ Avenida
  Tel. 213 404 040 | www.heritage.pt

Heritage Britania €€ [F3]
Boutique-Hotel in ruhiger Seitenstraße der Avenida da Liberdade, von Cassiano Branco im Art-déco-Stil eingerichtet.
- Rua Rodrigues Sampaio 17
  Ⓜ Avenida
  Tel. 213 155 016 | www.heritage.pt

My Story Rossio €€ [G4]
Durchgestyltes und unschlagbar zentrales Hotel mit 46 kleinen, aber feinen Zimmern.
- Praça D. Pedro IV 59
  Ⓜ Rossio | Tel. 213 400 380
  www.mystoryhotels.com

Olissippo Castelo €€ [G4]
Modernes und exklusives Hotel in der Nähe des Castelo de São Jorge. Hauseigene Parkgarage.
- Rua Costa do Castelo 126
  Mouraria | Tel. 218 820 190
  www.olissippohotels.com

Real Parque €€ [E2]
Verkehrsgünstige Lage, sehr geräumige Zimmer, gutes Restaurant.
- Avenida Luis Bívar 67
  Ⓜ São Sebastião
  Tel. 213 199 000 | www.hoteisreal.com

VIP Executive Éden €€ [F4]
Zentral gelegenes und architektonisch interessantes Apartment-Hotel hinter der Fassade eines alten Art-déco-Kinos.
- Praça dos Restauradores 24

Unterkunft

Ⓜ Restauradores | Tel. 213 216 600
www.viphotels.com

Lisboa Tejo €–€€ [G4]
In der Nähe des Rossio gelegenes Hotel mit ansprechender Einrichtung in einem renovierten Altstadthaus.
- Rua Condes de Monsanto 2
  Ⓜ Rossio | Tel. 218 866 182
  www.lisboatejohotel.com

Miraparque €–€€ [E2]
Renovierter Bau aus den 1950er-Jahren am Parque Eduardo VII, bequeme Zimmer und ruhig.
- Avenida Sidónio Pais 12
  Ⓜ Parque | Tel. 213 524 286
  www.miraparque.com

Budgethotels

Expo Astoria € [E3]
Sauberes 3-Sterne-Hotel zu vernünftigen Preisen. Das Art-déco-Gebäude aus dem 19. Jh. mit stylischen Elementen trägt die Bezeichnung »Art Hotel«.
- Rua Braamcamp 10
  Ⓜ Marquês de Pombal
  Tel. 213 861 317 | http://expoastoria.pt

Jorge V. € [E3]
Zentral nahe Praça Marquês de Pombal, aber ruhig, 49 gemütliche Zimmer, gutes Preis-Leistungs-Verhältnis.
- Rua Mouzinho da Silveira 3 | Ⓜ Marquês de Pombal | Tel. 213 562 525
  www.hoteljorgev.com

Pensão Londres € [F4]
Zimmer mit Aussicht. Frühzeitig reservieren! Schönes Café im Parterre.
- Rua Dom Pedro V. 53
  Bairro Alto | Tel. 213 462 203
  www.pensaolondres.com.pt

Im Gartenrestaurant York House

Pensão Prata € [G5]
Einfache, aber saubere und ruhige Pension, Zimmer mit oder ohne Bad. Familiär geführtes Haus, der Wirt gibt gern Tipps zur Gestaltung des Aufenthalts.
- Rua da Prata 71
  Baixa | Tel. 213 468 908
  www.pensaoprata.net

Passport Lisbon Boutique Hostel € [F3]
Durch und durch loungig und jung, und das mitten im Chiado, direkt neben dem Ausgehviertel Bairro Alto. Ideal für ein feierfreudiges Publikum.
- Praça Luís de Camões 36-2D
  Ⓜ Baixa-Chiado
  Tel. 213427346
  http://passporthostel.com

Sana Rex € [E3]
Nahe dem Parque Eduardo VII. gelegen. Die Einrichtung ist klassisch, das Preis-Leistungs-Verhältnis ist gut.
- Rua Castilho 169
  Ⓜ Marquês de Pombal
  Tel. 213 882 161
  www.rex.sanahotels.com/pt

Essen & Trinken

Im Lissabonner Alltag nimmt das Essen einen wichtigen Platz ein. Portugiesen zelebrieren die mittägliche *hora do almoço* im Restaurant. Dann sind die vielen Esslokale in der Innenstadt bis auf den letzten Platz besetzt. Auch Geschäfte bespricht man gern beim ausgiebigen Mittagsmahl.

Die Küche ist weder raffiniert noch neuerungssüchtig. Fisch steht ganz oben auf der Speisekarte, doch Fleisch ist ebenso beliebt. Ländlich-deftig sind Fisch- und Fleischeintöpfe *(caldeiradas* und *feijoadas)*. Vieler Variationen rühmt sich das Nationalgericht, der *bacalhau* (Stockfisch). Süße Nachtische bestehen aus Unmengen von Eigelb und Zucker. Die spült man mit einer *bica* hinunter, starkem schwarzem, aus kleinen Tassen getrunkenem Kaffee, gefolgt von einem Tresterschnaps *(bagaço)* oder Branntwein *(aguardente)*.

Teure Klassiker

Casa do Leão €€€ [G4]
Zur portugiesischen Küche in erlesener Zubereitung bietet das Restaurant auf dem Burggelände einen fantastischen Blick über Lissabon. Schöne Terrasse. Am Abend reservieren!
- Castelo de São Jorge | Castelo
  Tel. 218 880 154 | www.pousadas.pt
  Tgl. 12.30–15.30, 19.30–22.30 Uhr

Clara €€€ [F3]
Neben der deutschen Botschaft auf dem »unbekannten Hügel«, dem authentischen Altstadtviertel Santana. Besonders abends speist man bei Live-Pianomusik vorzüglich portugiesische und internationale Küche.
- Campo dos Mártires da Pátria 49
  Santana | Tel. 218 853 053
  www.lisboa-clara.pt
  12.30–15, 19.30–23.30 Uhr,
  Sa mittags und So geschl.

Gambrinus €€€ [F4]
Seit 1936 lieben die Lissabonner dieses Lokal, das zugleich als bestes Bierlokal der Stadt gilt. Serviert werden vor allem Fisch und Meeresfrüchte (z. B. *concha recheada com mariscos*). Preiswerter speist man mittags an der Bar.
- Rua das Portas de Santo Antão 23
  Ⓜ Rossio | Tel. 213 421 466
  www.gambrinuslisboa.com
  Tgl. 12–1.30 Uhr

Tavares €€€ [F5]
Das 1784 gegründete Restaurant war Debattierklub politischer Umstürzler und Literatentreff im 19. Jh. Ein edles Interieur mit rotem Samt, Stuck und Kristallspiegeln bildet den Rahmen für ein Menü zu fürstlichen Preisen (formelle Kleidung erwünscht).
- Rua da Misericórdia 35
  Chiado | Tel. 213 421 112
  www.restaurantetavares.net
  Mo–Sa 19.30–23 Uhr

Cervejarias – Bierlokale
Cervejarias, Lissabons Bierlokale, sind keineswegs importierte Mode, sondern traditionelle Lissabonner Gastronomie und erfreuen sich großer Beliebtheit.

Essen & Trinken

Feinschmeckerrestaurant und beliebte Cervejaria zugleich: das Gambrinus

Cervejaria Ramiro €€€ [G4]
Das Lokal gibt es schon seit 1956, für die Lissabonner ist es die allererste Wahl, wenn es um Meeresfrüchte geht.
• Avenida Almirante Reis 1 H
Ⓜ Intendente | Tel. 218851024
Di–So 12–24 Uhr
www.cervejariaramiro.pt

Cervejaria Ribadouro €€ [F4]
Portugiesen essen gern Fisch zum Bier. Standardgerichte sind *marisco à marinheira* (Meeresfrüchte in der Pfanne) und *bacalhau à braz* (Stockfisch mit Eiern und Kartoffeln). **50 Dinge** ⑬ › S. 13. Der deutsche Azulejo-Künstler Andreas Stöcklein hat den Gastraum mit tollen Fliesenbildern verziert.
• Avenida da Liberdade 155
Ⓜ Avenida | Tel. 213 549 411
www.cervejariaribadouro.pt
Tgl. 12–1.30 Uhr

Cervejaria Trindade €€ [F5]
Der Klassiker unter den Bierschenken im prächtigen ehemaligen Refektorium eines Klosters › S. 92. Serviert werden traditionelle Gerichte, u. a. Fisch und Meeresfrüchte. Kleiner Sommergarten.
• Rua Nova da Trindade 20 C
Chiado | Tel. 213 423 506
www.cervejariatrindade.pt
Mo–Do 12–24, Fr–So 10–1 Uhr

Von Sardinhas bis Sushi
Via Graça €€€ [G4]
Gehobene Küche mit Blick auf Castelo und Altstadt.
• Rua Damasceno Monteiro 9-B
Graça | Tel. 218 870 830
www.restauranteviagraca.com
Mo–Fr 12.30–15, 19.30–23 Uhr,
Sa, So nur abends

Bonsai €€ [F4]
Japanisches Restaurant mit Tatami-Matten und Schiebewänden aus Papier. Der Hit ist das siebengängige Abendmenü *(sugestão do chefe)*.
• Rua da Rosa 248 | Bairro Alto
Tel. 213 462 515 | www.facebook.com/BonsaiRestaurante
Di–Fr 12.30–14.30, 19.30–23,
Sa 13–15.30, 19.30–23 Uhr

Erstklassig

Typisch genießen

- **Flores do Bairro** €€ [F5]
  Gelungene Mischung aus Tradition und Moderne. Sehr beliebt die Kleinigkeiten »para picar«.
  Praça Luis de Camões 2
  Bairro Alto | Tel. 213 408 288
  www.bairroaltohotel.com/restaurante-bairro-alto-lisboa
  Tgl. 13–15, 19.30–23 Uhr
- **Casa do Alentejo** €€ [F4]
  Deftige regionale Küche aus dem Alentejo in einem stimmungsvollen Patiohaus (17. Jh.).
  Rua das Portas de Santo Antão 58
  Tel. 213 405 140
  www.casadoalentejo.com.pt
  Tgl. 12–15, 19–23 Uhr
- **Super Mario** € [F5]
  Einfache, familiäre Tasca mit wechselnden Tagesgerichten zu unglaublich günstigen Preisen.
  Rua do Duque 9 | Chiado
  Tel. 213 479 437 | Mo–Sa 9–24 Uhr
- **Alpendre** € [G5]
  Absolut authentische Küche, etwa Meeresfrüchte-Reis.
  Rua Augusto Rosa 32–34 | Alfama
  Tel. 218 862 421 | Mo–Sa 9–23 Uhr
- **Santo António de Alfama** €€ [H5]
  Charmantes Altstadtlokal mit gehobener portugiesischer Küche. Abseits des Trubels, neben der gleichnamigen Kirche.
  Beco de São Miguel 7
  Alfama | Tel. 218 881 328
  www.siteantonio.com
  Tgl. 12.30–2 Uhr

Casanostra €€ [F5]
Beim besten Italiener der Stadt sollte man reservieren.
- Travessa do Poço da Cidade 60
  Bairro Alto | Tel. 213 425 931
  http://casanostra.pt
  Di–Fr, So 12.30–14.30, 20–23 Uhr,
  Sa, Fei nur abends

Forno Velho €€ [F4]
Spezialitäten der Beira-Region. Auch Tische in einem kleinen Garten.
- Rua do Salitre 42
  Ⓜ Avenida | Tel. 213 533 706
  www.fornovelho.com
  Tgl. 12–15, 19.30–23 Uhr

Pateo 13 €€ [G5]
Das lauschige Open-Air-Restaurant öffnet nur im Sommer – zur Sardinenzeit. Früh kommen oder anstehen! **50 Dinge** ⑪ › S. 13.
- Calçadinha de Santo Estêvão 13
  Tel. 218 882 325
  www.facebook.com/PATEO13
  Im Sommer tgl. ab 19 Uhr

La Paparrucha €€ [F4]
Argentinisches Rindfleisch vom Grill in bester Qualität und großen Portionen; Panoramablick über die Stadt.
- Rua Dom Pedro V. 18–20
  Bairro Alto | Tel. 213 425 333
  www.lapaparrucha.com
  Mo–Fr 12–23.30,
  Sa, So 12.30–23.30 Uhr

O Magano €€ [D4]
Spezialitäten aus dem Alentejo, etwa Schweinefleisch mit Herzmuscheln *(carne de porco à alentejana)*.
- Rua Tomás da Anunciação 52
  Campo de Ourique

Essen & Trinken

Tel. 213 954 522
Mo–Sa 11–15, 18–23.15 Uhr

Os Tibetanos €€ [F4]
Ein Fest für den Gaumen sind die Salate, Suppen, Tartes und Quiches des besten Vegetariertreffs der Stadt, der Teil eines buddhistischen Zentrums ist. Tische im begrünten Innenhof, Blick auf die Burg.
• Rua do Salitre 117 | Ⓜ Avenida
  Tel. 213 142 038 | www.tibetanos.com
  Mo–Fr 12.15–14.45, 19.30–22.30, Sa
  12.45–15.30, 20–23, So bis 22.30 Uhr

Solar dos Presuntos €€ [F4]
Portugiesische Küche. *Feijoada de mariscos* (Meeresfrüchte) probieren! Bester Service. In der beliebten »Fressgasse«.
• Rua das Portas de Santo Antão 150
  Tel. 213 424 253
  www.solardospresuntos.com
  Mo–Sa 13–15.30, 19–23 Uhr

Terra €€ [E4]
Mehrfach preisgekrönte vegetarische und vegane Küche in charmantem Ambiente, mit Gartenterrasse.
• Rua da Palmeira 15 | Mercês
  Tel. 213 421 407
  www.restauranteterra.pt
  Di–So 12.30–15.30, 19.30–24 Uhr

Szenerestaurants
Bica do Sapato €€€ [H5]
Frisch und ambitioniert, vor allem Fisch. Edles 1970er-Jahre-Ambiente. Sushi Bar im 1. Stock (Mo–Sa 19.30–24 Uhr).
• Avenida Infante Dom Henrique, Arm. B
  Cais da Pedra à Santa Apolónia
  Tel. 218 810 320
  www.bicadosapato.com
  Mo 17–24, Di–Sa 12–24, So (Brunch) 12.30–16 Uhr (außer Juli/Aug.)

Feine Küche im Eleven mit toller Aussicht auf Lissabon und den Tejo

Eleven €€€ [E2]
Exquisite mediterrane Küche von Joachim Koerper, der seine Erfahrung aus mehreren Sternerestaurants in Frankreich und Spanien einbringt. Oberhalb des Parque Eduardo VII. gelegen, mit Blick auf Stadt und Tejo.
• Rua Marquês da Fronteira
  Jardim Amália Rodrigues
  Tel. 213 862 211
  www.restauranteleven.com
  Mo–Sa 12.30–15, 19.30–23 Uhr

Espaço Lisboa €€€ [B6]
Traditionelles wie Stockfisch, Zicklein und Spanferkel in der edlen Atmosphäre einer alten Gießerei.
• Rua da Cozinha Económica 16
  Alcântara | Tel. 213 610 212
  www.espacolisboa.pt
  Nur abends geöffnet

A Travessa €€€ [E5]
Im restaurierten Zisterzienserkloster im historischen Madragoa-Viertel wird eine feine portugiesisch-belgische Küche serviert. Ein Restaurantbesuch ist ein absolutes Muss für Gourmets!

Essen & Trinken

- Travessa Convento das Bernardas 12
  Madragoa | Tel. 213 902 034
  www.atravessa.com
  Mo–Sa 19.30–24 Uhr, So geschl.

Sol e Pesca €€ [F5]
In dem urigen Anglerlädchen im Herzen der pinken Ausgehgasse des Szeneviertels Cais do Sodré dreht sich alles um Fischkonserven: Sardine, Thunfisch, Makrele & Co. werden kunstvoll angerichtet mit Brot oder Beilagen wie Couscous.
- Rua Nova do Carvalho 44
  Ⓜ Cais do Sodré | Tel. 213 467 203
  www.solepesca.com | tgl. 12–4 Uhr

Traditionscafés
A Brasileira [F5]
Anfang des 20. Jh. trafen sich hier Politiker aller Richtungen, Künstler, Schriftsteller und fast ganz Lissabon. Berühmtester Gast war Fernando Pessoa, der hier regelmäßig weilte. Seit 1988 sitzt er als Bronzefigur an einem Tisch vor dem Café, das heute ein beliebter Treff für Touristen ist. **50 Dinge** ㊵ › **S. 16.**
- Rua Garrett 120 | Chiado
  Tel. 213 469 541 | tgl. 8–2 Uhr

Martinho da Arcada [G5]
Das älteste Café Lissabons wurde 1778 eingeweiht. Auch hier war Fernando Pessoa häufig Gast. Heute treffen sich viele Geschäftsleute und Angestellte der umliegenden Ministerien in dem Arkadenlokal. Ein Restaurant ist angeschlossen (Küche 12–15, 19–22 Uhr) › **S. 86.**
- Praça do Comércio 3 | Baixa
  Tel. 218 879 259
  www.martinhodaarcada.pt
  Mo–Sa 8–23 Uhr

Confeitaria Nacional [G4]
1829 gegründet und immer noch in Familienbesitz. Beliebter Treff auf einen Kaffee in einer Arbeitspause oder während des Einkaufens.
- Praça da Figueira 18-B
  Baixa | Tel. 213 424 470

Das Traditionscafé Nicola: eine Institution am Rossio

www.confeitarianacional.com
Mo–Do 8–20, Fr, Sa 8–21,
So 9–21 Uhr

Nicola [F4]
Das 1787 eröffnete Café, im Stil des Art déco umgebaut, ist eine lebendige Institution. **50 Dinge** ㉝ › S. 16.
- Praça Dom Pedro IV. 24 | Ⓜ Rossio
  Tel. 213 460 579 | Tgl. 8–24 Uhr

Pasteleria Suiça [F4]
Von der vorderen Terrasse blickt man auf das Treiben am Rossio. Etwas ruhiger ist die rückwärtige Terrasse zur Praça da Figueira. Besonders köstlich zu den leckeren Backwaren ist hier die heiße Schokolade. **50 Dinge** ⑭ › S. 13.
- Praça Dom Pedro IV. 96
  Ⓜ Rossio | Tel. 213 214 090
  www.casasuica.pt
  Tgl. 7–21 Uhr

Pastelaria Versailles [F1]
Das mit vielen Spiegeln, dunklem Holz, Marmor und Stuck dekorierte Café von 1922 ist mit Abstand das untouristischste und authentischste Kaffeehaus Lissabons › S. 116.
- Avenida da República 15-A
  Saldanha
  So–Fr 7.30–23.45 Uhr

Café no Chiado [F5]
Ruhige Oase im Theaterviertel, zum Essen oder auf einen Kaffee.
- Largo do Picadeiro 10–12
  Chiado | Tel. 213 460 501
  www.cafenochiado.com | Tgl. 10–2 Uhr

Fábrica dos Pastéis de Belém
Hier gibt's die unwiderstehlichen Pastéis de Belém › S. 125. **50 Dinge** ⑪ › S. 13.
- Rua de Belém 84–92 | Belém
  www.pasteisdebelem.pt

Shopping

Die Lissabonner strömen in die riesigen Shoppingcenter **Amoreiras**, **Colombo** und **Vasco da Gama** (Parque das Nações). Stadtluft und Atmosphäre schnuppert man in den klassischen Einkaufsstraßen der **Baixa** und im **Chiado** mitten in der Stadt.

Antiquitäten, Antiquarisches
Antiquitätenstraßen sind die Rua Dom Pedro V. (Bairro Alto) und die Rua de São Bento. Buchantiquariate konzentrieren sich vor allem im Trindade- und Carmo-Bezirk.

Olisipo [F4]
Alte Bücher und Stiche. Faire Preise.
- Largo Trindade Coelho 7 | Chiado
  www.livraria-olisipo.com

O Marquês [E1]
Überwältigendes Angebot an alten Dingen aus Portugal und Übersee.
- Av. Elias Garcia 166-B | Saldanha
  www.omarquesantiguidades.com

O Mundo do Livro [F5]
Große Auswahl an Büchern, Landkarten und Grafik.
- Largo da Trindade 12 | Chiado
  www.mlivro.com

Azulejos

Fábrica Sant' Anna [F5]
Das traditionsreiche Unternehmen fertigt Azulejos nach alten Vorbildern (Produktion im Stadtteil Ajuda, 5 km entfernt; Fabrikbesichtigung möglich).
- Rua do Alecrim 95
  Chiado | www.fabrica-santanna.com

Ratton [F4]
Bekannte Galerie für moderne Azulejo-Kunst, u. a. Arbeiten des deutschen Künstlers Andreas Stöcklein.

> **! Erstklassig**
>
> ## Besondere Märkte
>
> - **Mercado de Campo de Ourique** [D4]
>   Lebensmittel, Kunsthandwerk, Gastronomie, abends oft Livemusik (10–23, Do–Sa bis 1 Uhr).
>   Rua Coelho da Rocha | www.mercadodecampodeourique.pt
> - **Mercado Agrobio** [F1]
>   Erzeugermarkt, u. a. für Bioprodukte, Sa 9–14 Uhr.
>   Jardim do Campo Pequeno
>   www.agrobio.pt
> - **Mercado da Ribeira** [F5]
>   Angesagte Essensstände (Tasquinhas), teils von berühmten Chefs, im hippen »Time Out«-Flügel der Traditionsmarkthalle (So–Mi 10–24, Do–Sa 10–2 Uhr, www.timeoutmarket.com); im restlichen Gebäude tagsüber Markt für Lebensmittel (Mo–Sa 6–14 Uhr) und Blumen (Mo–Sa 6–20, So 10–20 Uhr) › S. 86.
>   Avenida 24 de Julho

- Rua Academia das Ciências 2-C
  Bairro Alto
  www.galeriaratton.blogspot.com

Solar – Albuquerque & Sousa [F4]
Hier wird die größte Auswahl alter Azulejos angeboten.
- Rua Dom Pedro V. 70 | Chiado
  http://solar.com.pt

Geschäfte mit Tradition

A Vida Portuguesa [F5]
Gemütliches Stöberlädchen für Vintage-Produkte in einer alten Parfümfabrik.
- Rua Anchieta 11 | Chiado
  www.avidaportuguesa.com

Caza das Vellas Loreto [F5]
Schon seit 1789 gibt es hier Kerzen in allen Farben und Formen.
- Rua do Loreto 53 | Bairro Alto
  http://cazavellasloreto.com.pt

Livraria Bertrand [F5]
Seit 1732 besteht dieser Buchladen, es gibt zwar heute Filialen, doch das Pioniergeschäft im Chiado ist das schönste: In fünf kleinen Sälen ziehen sich Holzregale voller Bücher die Wände hoch.
- Rua Garrett 73–75 | Chiado
  www.leitorbertrand.pt

Luvaria Ulisses [F5]
Im kleinsten Laden Lissabons gibt es seit 1929 nur Handschuhe: aus Seide und Leder. **50 Dinge** (36) › S. 16.
- Rua do Carmo 87-A
  Chiado | www.luvariaulisses.com

Manuel Tavares [G4]
Bereits seit 1860 gibt es hier traditionelle portugiesische Delikatessen.
50 Dinge (31) › S. 15.

Shopping

- Rua da Betesga 1-A
  http://manueltavares.pt

Ourivesaria Sarmento [G5]
Einer der ältesten Goldschmiede in der »Straße des Goldes«, die traditionell diesem Berufszweig vorbehalten war.
- Rua Àurea 251 | Baixa | www.facebook.com/OurivesariaSarmento

Panificação Mecânica [D4]
In der Backstube mit ihren Jugendstil-Azulejos kann man auch Kaffee trinken.
- Rua Silva Carvalho 209
  1250-250 Lisboa | Rato
  http://panificacaomecanica.pt

Vista Alegre Atlantis [F5]
Die 1824 bei Ilhavo gegründete Porzellanmanufaktur ist eine nationale Institution. Ihre edlen Produkte spiegeln Tradition und Zeitgeist.
- Largo do Chiado 20–23 | Chiado
  www.myvistaalegre.com

Ports und Weine
Solar do Vinho do Porto [F4]
Portweinproben im schicken Ambiente des einstigen Palácio Ludovice › S. 95.
- Rua de São Pedro de Alcântara 45
  Bairro Alto

Coisas do Arco do Vinho
Bewährte Adresse für erlesene Weine.
- Rua Bartolomeu Dias | Belém
  www.coisasdoarcodovinho.pt

Kunsthandwerk
Santos Oficios [G5]
Souvenirs und regionales Kunsthandwerk, u.a. Lissabonner Häuser aus Ton.
- Rua da Madalena 87 | Baixa
  www.santosoficios-artesanato.pt

Hochwertige Handschuhe bei Ulisses

Casa dos Tapetes de Arraiolos [E4]
Die handgearbeiteten Knüpfteppiche aus Arraiolos werden zu stolzen Preisen gehandelt. **50 Dinge** (41) › S. 16.
- Rua da Imprensa Nacional 116-E
  Bairro Alto
  www.casatapetesarraiolos.com

Designermode
Storytailors [F5]
Mode wie aus einem Märchenbuch schaffen die Designer João Branco und Luis Sanchez.
- Calçada do Ferragial 8 | Chiado
  www.storytailors.pt

Fátima Lopes [F5]
Mode der Star-Designerin aus Madeira, in einem avantgardistischen Showroom. **50 Dinge** (35) › S. 16.
- Rua Rodrigues Sampaio 96
  Ⓜ Avenida | www.fatimalopes.com

Musik
Fnac [F5]
Große Auswahl an portugiesischer Musik.
- Rua do Carmo 2 | 1200 Lisboa
  Chiado | www.fnac.pt

Am Abend

Lissabon, die Stadt der Träumer, wo man sich in den Stunden nach Mitternacht immer schon in die Zeitlosigkeit des »portugiesischen Nirwana« (Miguel Torga) versinken ließ, ist ein Dorado für Nachtschwärmer.

Bars und Diskotheken

Água de Beber [F5]
Kleine brasilianische Kneipe mit leckeren Caipirinhas und guter Livemusik.
- Travessa São Paulo 8
  Ⓜ Cais do Sodré
  www.baraguadebeber.com
  Di–Do, So 18–2, Fr–Sa 18–3 Uhr

Casa Independente [G3]
Chilliger, alternativer Klub mit viel Livemusik und großartigen DJ-Sets. Manchmal wie auf einer großen WG-Party!
- Largo do Intendente 45 | Ⓜ Intendente | http://casaindependente.com
  Di–Fr 17–24, Sa 17–2 Uhr

Chafariz do Vinho [F4]
Hervorragende Weinbar in einem ehemaligen Brunnengebäude. Beste Beratung und ein besonderes Ambiente.
- Chafariz da Mãe d'Água
  Rua da Mãe d'Água | Ⓜ Avenida
  www.chafarizdovinho.com
  Di–So 18–1 Uhr

Guilty by Olivier [F3]
DJ-Sound zum Essen oder zum Cocktail, cool gestylt.
- Rua Barata Salgueiro 28 | Ⓜ Avenida
  http://guilty.olivier.pt
  Mo–Mi, So 12–24, Do–Sa 12–4 Uhr

Incógnito [E4]
Klassiker für Freunde von Indie und guter alter Rockmusik.
- Rua dos Poiais de São Bento 37
  Madragoa | Mi–Sa 23–4 Uhr

Damas [H4]
Gelungene Mischung aus Restaurant, Bar, Konzertsaal und alternativem Klub in einer ehemaligen Bäckerei.
- Rua da Voz do Operário 60 | Graça
  www.facebook.com/DAMASLISBOA
  Di–Do 13–2, Fr, Sa 13–4, So 17–24 Uhr

Main [D5]
Vor allem bei jungen Leuten angesagte Disco mit drei verschiedenen Areas.
- Av. 24 de Julho 68 | Santos
  www.facebook.com/mainlisbon
  Do–Sa 23.30–6 Uhr

Rio Maravilha [B6]
Chilliger Gastropub im ehemaligen Gemeinschaftsraum der Fabrikarbeiter, mit toller Aussicht auf den Tejo und die Christusstatue – daher die Hommage an Rio de Janeiro.
- LX Factory, Rua Rodrigues Faria 103
  Eingang 3, 4. Stock | Alcântara
  www.riomaravilha.pt | Di 18–2,
  Mi–Sa 12.30–2, So 12.30–18 Uhr

Urban Beach [E5]
Trendige Strandbar am Tejo-Ufer, mit Restaurant und Sushi-Bar.
- Rua da Cintura | Cais da Viscondessa
  Santos | www.grupo-k.pt
  Di–Sa ab 20 Uhr, Disko Do–Sa ab Mitternacht

Am Abend

Jazz und Blues
Fontória blues caffe [F4]
Bluesmusik live in einem ehemaligen Revuetheater von 1953.
- Praça da Alegria 66 | Ⓜ Avenida
  www.fontoriabluescaffe.com
  Mo–Sa 22.30–6 Uhr

Hot Club Portugal (HCP) [F4]
Informell schon 1945 gegründet, einer der ältesten Jazzklubs Europas. Fast jeden Abend Live-Events.
- Praça da Alegria 48 | Ⓜ Avenida
  www.hcp.pt | Di–Sa 22–2 Uhr

Gay & Lesbian
Finalmente [E4]
Beste Travestieshow der Stadt.
- Rua da Palmeira 38 | Príncipe Real
  www.finalmenteclub.com
  Tgl. 24–6 Uhr

Trumps [E4]
Schwul-lesbischer Klub mit riesiger Tanzfläche. Programm und Shows.
- Rua da Imprensa Nacional 104-B
  Príncipe Real | www.trumps.pt
  Fr, Sa und vor Feiertagen 24–6 Uhr

Afrikanisches und Latin
Barrio Latino Café
Salsa und Kizomba, zwei Tanzflächen.
- Rua da Cintura do Porto de Lisboa
  Armazem 1 | Santos
  www.facebook.com/BarrioLatinoPT
  Mi–So 19–5 Uhr

B.Leza [F5]
Legendärer afrikanischer Klub, vorwiegend kapverdische Musik.
- Cais da Ribeira Nova
  Armazem B | Cais do Sodré
  Mi–So 22.30–4 Uhr

▌Erstklassig
Aperitif mit Aussicht

- Der Abend wird gern in den Terrassenbars in der Altstadt *(esplanadas)* oder auf den Stadthügeln *(miradouros)* eingeläutet, mit einem Aperitif und Blick auf die Stadt im Abendlicht.
- Im **Café da Garagem** [G5] im Teatro Taborda reflektieren Glaswände und Spiegel die Lichter der Stadt in geradezu magischer Weise (Costa do Castelo 75, Mouraria, www.teatrodagaragem.com, Mo 18–24, Di–Do, So 15–24, Fr, Sa 15–2 Uhr).
- **TOPO** [G4, F5]: Zwei Locations mit fantastischer Aussicht: im 6. Stock des Centro Comercial Martim Moniz (Largo Martim Moniz) und auf den frisch angelegten Terraços do Carmo am Fuß der Igreja do Carmo (Chiado). Hier kann man sich bei schönem Wetter sogar in Liegestühlen sonnen (www.topo-lisboa.pt, So–Mi 12.30–24, Do–Sa bis 2 Uhr).
- Im **Chapitô à Mesa** [G5], dem Restaurant des Zirkusschulprojekts Chapitô, gibt es zum edlen Essen einen tollen Blick auf die Baixa und den Tejo (Costa do Castelo 7, Mouraria, www.chapito.org, Mo–Fr 12–24, Sa, So 19.30–24 Uhr).
- In der **Esplanada da Graça** [G5] nimmt man seinen Drink am Miradouro da Graça mit Blick über die halbe Stadt (Largo da Graça, tgl. 12–3 Uhr).

SPECIAL

Lissabonner Nächte

Auftakt am Fluss

Wenn über dem Tejo die Sonne untergeht, erwacht Lissabon zum zweiten Mal. Behutsam räkelt es sich erst ein wenig in den kleinen Restaurants von **Cacilhas** drüben am anderen Ufer des breiten Flusses, wo sich der rot glühende Abschied des Tages am schönsten genießen lässt. Weniger romantisch veranlagte Naturen warten auf die ersten Sterne in den **Docas de Santo Amaro,** zu Füßen der Ponte 25 de Abril. Wie ein riesiger Bienenschwarm summen die Autos dort auf der doppelstöckigen Brücke hoch über den Köpfen der Amüsierfreudigen. Unten schaukeln Jachten auf den Wellen, flitzen Jogger neben jungem Promenadengrün und funkeln die Lichter der ehemaligen Backstein-Hafenschuppen mit ihren fast ein Dutzend Terrassenrestaurants.

Treffs im Bairro Alto

Nach wie vor schlägt im **Bairro Alto** das Herz der Szene, hier ist Lissabon hip und gay, bunt, laut und international. Tascas, Trendlokale, schräge Bars, alteingesessene Fadolokale – alles ballt sich in einem Straßenkarree. Ab ein Uhr bilden sich Trauben vor den angesagten Adressen, im Stehen oder auf der Bordsteinkante sitzend genießt man Bier und Cocktails aus Plastikbechern, es wird geflirtet und gelacht. Immer wieder tauchen zwischen dem quirligen Völkchen junge Männer in Uniform auf – Sicherheit wird auch in der Partyszene groß geschrieben.

- **Artis Wine Bar** [F5]
Nette Weinbar. Musik: Jazz und Chill-out-Sounds.
Rua do Diário de Notícias 95 | Bairro Alto | http://artisbairroalto.blogspot.de
Di–Do, So 17.30–2, Fr, Sa 17.30–3 Uhr

Lissabonner Nächte SPECIAL

- **Alface Hall** [F5]
  Gemütliches Kneipencafé mit abendlicher Livemusik.
  Rua do Norte 96 | Bairro Alto
  Tgl. 16–24 Uhr
  www.facebook.com/Alface.Music.Hall
- **Esteves** [F5]
  In einer der letzten noch originalen, echten Kneipen des Ausgehviertels schenkt der alte Senhor Esteves die beste Amêndoa Amarga (Bittermandellikör) aus. Sogar mit Jukebox.
  Rua Diário de Notícias 136 | Bairro Alto | Mo–Do 19–2, Fr, Sa bis 3 Uhr

Partytime bis in den Nachmittag

3 Uhr morgens – Zeit, die Location zu wechseln: vom Bartresen auf die Tanzfläche. Die meisten Diskos liegen zwischen dem Bahnhof Santa Apolónia und Alcântara. Manche vereinen die Funktionen Fashion-Showroom, Bar und Tanztempel. Bis 7 Uhr pendelt die Szene den Fluss entlang. Rummeliger Favorit ist das Gebiet am Cais do Sodré. Um 17 Uhr nachmittags schließen die allerletzten Abhänger-Lokale.

- **Black Tie Club** [F2]
  Klassiker unter den Disco-Bars. Getrunken wird Whisky oder Champagner, getanzt zu Rhythmen der 1970er- und 1980er-Jahre.
  Rua Martens Ferrão 12 B
  www.blacktie.pt | Mo–Sa 22–6 Uhr
- **Jamaica** [F5]
  Eine der letzten klassischen Diskotheken am Cais do Sodré. Den kleinen Klub gibt es seit 1971, oft wird es sehr voll. Reggae, Pop- und Rockhits.
  Rua Nova do Carvalho 6
  Ⓜ Cais do Sodré
  www.jamaica.com.pt
  Di–Sa 23.45–6 Uhr
- **Lux-Frágil** [H5]
  Einer der 35 besten Klubs der Welt, ausstaffiert mit den Sammelstücken des Design-Papstes Manuel Reis.
  Avenida Infante D. Henrique
  Armazém A | Cais da Pedra à Santa Apolónia | Ⓜ Santa Apolónia
  www.luxfragil.com | Do–Sa 23–6 Uhr
- **Ministerium Club** [G5]
  Toller Sound in den Hallen des Ministeriumgebäudes; Live- oder DJ-Events.
  Ala Nascente 72–73 | Terreiro do Paço
  www.ministerium.pt
  3- bis 4-mal im Monat Veranstaltungen Fr bzw. Sa 23–6 Uhr
- **Musicbox Lisboa** [F5]
  Trendiger Hotspot am Cais do Sodré mit kulturellem Anspruch. DJ-Musik, Live-Auftritte, eigenes CD-Label.
  Rua Nova do Carvalho 24
  Ⓜ Cais do Sodré
  www.musicboxlisboa.com
  Mi–Sa 23–6 Uhr
- **Plateau** [D5]
  Dauerbrenner unter den Diskotheken, Rock-, Pop-Klassiker.
  Escadinhas da Praia 7 | Santos
  www.facebook.com/plateauoficial
  Mi, Fr–Sa 23.30–6 Uhr

Vor Mitternacht

Wer's zum Auftakt des Abends edler mag, nimmt das Schlangestehen am **Hafenkai** gegenüber der **Estação Santa Apolónia** in Kauf. Viel Glas, gepaart mit Wänden in Pink und Lila, bildet den Hintergrund für einen Dinnerauftritt oder für Sushi-Happen. Man kennt sich, sieht sich – noch im Businessdress oder schon im neuesten Designer-Outfit.

Sonnenuntergang am Tejo

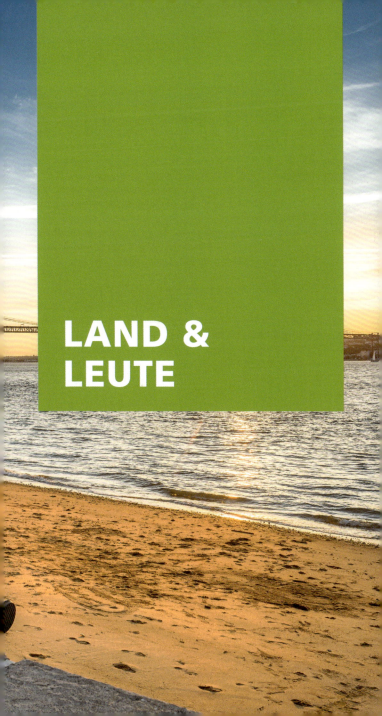

LAND & LEUTE

Steckbrief

- **Fläche:** 84,8 km²
- **Längen- und Breitengrad:** 9° 10' West, 38° 43 Nord
- **Einwohner:** 507 000 im Stadtbereich; 2,8 Mio. im Großraum
- **Konfession:** vorwiegend römisch-katholisch
- **Sprache:** Portugiesisch
- **Touristen:** 5,2 Mio. im Jahr
- **Hotelzimmer:** 30 000
- **Landesvorwahl:** 00 351
- **Währung:** Euro

- **Zeitzone:** Westeuropäische Zeit (MEZ minus 1 Std., ganzjährig)

Lage

Lissabon liegt im äußersten Südwesten Europas. Der Tejo, größter Fluss der Iberischen Halbinsel, weitet sich kurz vor seiner Mündung in den Atlantik zu einer bis zu 15 km breiten Bucht, dem Mar de Palha (»Strohmeer«). Auf seinen letzten Kilometern bis zum Meer jedoch verengt er sich nochmals. Dort entwickelte sich die Stadt am Ufer entlang. Erst im 20. Jh. ist Lissabon weit landeinwärts gewachsen. Aus den symbolischen sieben Hügeln der Altstadt, die man (nach dem Vorbild Roms) früher zählte, sind inzwischen eher sieben mal sieben geworden. Der Großraum Lissabon reicht heute bis nach Santarém und Setúbal.

Politik und Verwaltung

Lissabon ist die Hauptstadt der Republik Portugal (*República Portuguesa*). Da das Land immer noch weitgehend zentralistisch regiert wird, befinden sich neben dem Regierungssitz alle Ministerien und wichtigen Behörden in der Kapitale.

Die Stadtregierung hat ihren Sitz im Rathaus (Paços do Concelho). Bürgermeister ist seit 2015 der Sozialist Fernando Medina. Stadträte (*vereadores*), 16 an der Zahl, fungieren als Ressortleiter für verschiedene Aufgabenbereiche. Die 24 Gemeinden (*freguesias*), in die Lissabon aufgeteilt ist, werden jeweils von einer bürgernahen Junta verwaltet. Die Área Metropolitana de Lisboa (AML) wird von einem Rat verwaltet, der aus sich aus den 18 Bürgermeistern des Großraums zusammensetzt.

Lissabon unterhält Städtepartnerschaften mit Metropolen wie Paris oder Madrid und vielen Städten in portugiesischsprachigen Ländern.

Wirtschaft

Zugleich ist Lissabon auch Portugals Wirtschafts- und Finanzmetropole. Im Großraum lebt ein Viertel der aktiven Bevölkerung Portugals, 30 % aller Firmen konzentrieren sich hier und 36 % des BIP wird erwirtschaftet. Der Eintritt Portugals in die EG 1986 setzte radikale Umstrukturierungen in Gang: Die einst staatlich gestützte Großindustrie (Chemie, Metall) verschwand fast vollständig, ebenso die krisengeschüttelten Werften. Dafür erlebte der Sektor Handel und Dienstleistungen (Banken, Versicherungen, Telekommunikation) einen rasanten Aufschwung. Einen Wachstumsschub für den Tourismus in Lissabon bedeutete die EXPO '98, für die die Stadt regelrecht aufpoliert und modernisiert wurde.

Die Euro-Euphorie belebte die Finanzmärkte und die Bauwirtschaft. Der Aufschwung zu Beginn des Jahrtausends brachte eine Mittelschicht hervor, die es bisher nicht gab. Deren Konsumverhalten kurbelte die Wirtschaft kräftig an. Seit einigen Jahren kämpft Portugal jedoch mit hoher Arbeitslosigkeit und einem gewaltigen Haushaltsdefizit. Das Lohnniveau ist so niedrig, dass sich die besser ausgebildeten jungen Leute häufig lieber Jobs im Ausland suchen.

Bevölkerung

Die Heimat des echten *lisboeta* ist sein *bairro,* sein Stadtviertel. In volkstümlichen Quartieren wie Alfama, Bica oder Madragoa spielt sich das Leben noch immer in dorfähnlichen Nachbarschaften ab, wo jeder jeden kennt und am Leben des Nachbarn Anteil nimmt. Doch die Altbausubstanz, die das Bild der Innenstadt prägt, ist teilweise baufällig, weil aufgrund eines von 1943 bis 1992 geltenden Mietstopps jahrzehntelang kein Geld zum Renovieren übrig blieb. Altmieter zahlen noch heute geringe Mieten. Bei Neuvermietungen wurde allerdings zeitweise das Preisniveau deutscher Großstädte erreicht. Der Lebensstandard in Lissabon und die Kaufkraft liegen höher als in anderen Regionen Portugals.

Die Einwohnerzahl von Lissabon nahm zuletzt dramatisch ab. Für jeden neu hinzugezogenen Bürger verließen zwei die Stadt. Zu teurer Wohnraum im Zentrum trieb viele junge Familien in die gesichtslosen Wohnsilos der Vorstädte. In der City blieben vorwiegend ältere Menschen, ihr Anteil an der Bevölkerung beträgt heute 28 % (Portugal gesamt: 20 %).

Mit der Beendigung der Kolonialkriege in Afrika 1975 kam es zu einer Fluchtwelle aus Angola, den Kapverden, Guinea-Bissau und Moçambique nach Lissabon. Die afrikanischstämmige Bevölkerung lebt vor allem in den Satellitenstädten der Metropole.

Aus Brasilien sind in letzter Zeit viele gut ausgebildete jüngere Leute eingewandert, die zum wichtigen Faktor im Wirtschaftsleben geworden sind. Afrikaner und Brasilianer haben durch ihre Kultur, insbesondere durch ihre Musik, einen neuen Rhythmus in die Stadt gebracht.

Geschichte im Überblick

Bereits Phönizier, Griechen und Karthager nutzten die Tejo-Mündung, den einzigen großen Naturhafen an der iberischen Atlantikküste. Auf ein phönizisches Alis Ubbo (»anmutige Bucht«) führten Orientalisten den Namen Lissabon zurück. Die Römer, die das nach einem keltischen Stamm benannte Lusitanien im 2. Jh. v. Chr. eroberten, deuteten »Olissipo« als Hinweis auf die Gründung durch den legendären Odysseus (lat. Ulixes).

48 v. Chr. Lissabon erhält unter Julius Cäsar das volle römische Bürgerrecht.

410 n. Chr. Germanenvölker vertreiben die Römer. Sieger bleiben die christianisierten Westgoten, die für 300 Jahre Iberien beherrschen.

472 Ein schweres Erdbeben zerstört den größten Teil der ehemaligen Römerstadt.

714 Araber vertreiben die Westgoten. Ulixbona wird für mehr als 400 Jahre maurisch.

1147 Eroberung der Stadt durch den ersten portugiesischen König Afonso Henriques (1128–1185) mit Hilfe englischer, flandrischer und deutscher Kreuzritter. Bau der Kathedrale. Ansiedlung der verbliebenen Mauren in einem Viertel außerhalb der Stadtmauer, der Mouraria.

1256 Abschluss der Reconquista. Vertreibung der Araber aus der Algarve. Portugal erhält seine heutigen Grenzen, Lissabon wird Hauptstadt.

1279–1325 Stadtausbau unter König Dinis, Gründung der ersten Universität Portugals.

1383–1385 Bürgerrevolution. Verteidigung der portugiesischen Unabhängigkeit gegen die Kastilier in der Schlacht bei Aljubarrota. João I. wird der erste König aus dem Hause Aviz. Lissabon ist bedeutendster Hafen an der Atlantikroute zwischen Mittelmeer und Nordeuropa.

1415 Eroberung Ceutas durch Heinrich den Seefahrer, einen Sohn Joãos I. Beginn der portugiesischen Seefahrt und Expansion.

1419/20 Heinrich der Seefahrer macht die bis dahin unbewohnte Insel Madeira zum Stützpunkt für die portugiesischen Entdeckungsfahrten.

1487/88 Bartolomeu Dias umrundet das Kap der Guten Hoffnung.

1495–1521 Unter König Manuel I. Blütezeit Lissabons, das mit dem Gewürzhandel zur reichsten Seehandelsmetropole Europas wird.

1496 Zwangsbekehrung von Juden und Mauren. Erste planmäßige Stadterweiterung: Bairro Alto (1513).

9. Sept. 1499 Triumphaler Empfang Vasco da Gamas in Lissabon nach seiner ersten Indienreise.

1540 Einführung der Inquisition, endgültige Vertreibung der Juden. João III. ruft die Jesuiten ins Land. Wirtschaftlicher Niedergang.

1569 Eine Pestepidemie fordert im Großraum Lissabon 60 000 Tote.

Geschichte im Überblick

1580–1640 Spanische Fremdherrschaft.
1640 Vertreibung der Spanier mit englischer Hilfe; neue Königsdynastie der Bragança.
1706–1750 Regierung Joãos V.; neuer Reichtum aus Brasilien: Gold und Diamanten. Großzügige Stiftungen für kirchliche Bauten. Errichtung der städtischen Wasserleitung Águas Livres.
1755 Das größte Erdbeben der Stadtgeschichte zerstört Lissabon zu zwei Dritteln, etwa 20 000 Menschen sterben. Wiederaufbau durch Minister Pombal (Baixa).
1807 Invasion und Plünderung durch napoleonische Truppen. Flucht des Königs nach Brasilien.
1810 Briten befreien und besetzen Portugal und regieren das Land praktisch als Protektorat.
1822 Rückkehr des Königs. In der Folgezeit Bürgerkriege zwischen Liberalen und Absolutisten.
1834 Sieg des Liberalismus. Säkularisation: Auflösung der Klöster. Aufstieg des Handels- und Finanzbürgertums.
Ende des 19. Jhs. Stadtmodernisierung: Industrialisierung, Ausbau des Hafens, neue Verkehrsmittel. Stadterweiterung durch die Avenida da Liberdade.
1908 Gewalttätige Auseinandersetzungen um die Abschaffung der Monarchie, Ermordung des Königs Carlos I. und des Thronfolgers Luís Filipe.
5. Okt. 1910 Ausrufung der Republik; König Manuel II., der Bruder von Luís Filipe, flieht nach England.

Heinrich der Seefahrer an der Spitze des Denkmals der Entdeckungen in Belém

1926 Die Militärdiktatur beendet das politische und wirtschaftliche Chaos.
1932 Salazar wird Premierminister; neue diktatorische Verfassung nach faschistischem Vorbild: Estado Novo.
1939–1945 Neutralität Portugals während des Zweiten Weltkriegs. Lissabon wird Zwischenstation für Flüchtlinge aus Deutschland auf dem Weg nach Übersee.
1968 Rücktritt Salazars nach einem Schlaganfall; Nachfolger Marcelo Caetano. Der aussichtslose Kolonialkrieg in Afrika (Angola, Moçambique) lässt das Land verarmen und stärkt den Widerstand gegen die Diktatur.
25. April 1974 Die Nelkenrevolution führt das Ende der Diktatur herbei.

Geschichte im Überblick

25. Nov. 1975 Errichtung einer parlamentarischen Demokratie; Staatschef wird Mário Soares, der Gründer der Sozialisten (PS).
1986 Beitritt Portugals zur EG.
1998 Weltausstellung EXPO '98. Bau der zweiten Tejo-Brücke, Ponte Vasco da Gama.
1999 Eröffnung des »Parque das Nações« auf dem EXPO-Gelände.
2004 Zur Fußballeuropameisterschaft erhalten die Vereine Benfica und Sporting neue Stadien.
2011 Portugals Wirtschaftskrise erreicht ihren Höhepunkt, das hochverschuldete Land flüchtet für drei Jahre unter den Euro-Rettungsschirm und leidet unter den strengen Austeritätsprogrammen.
2015 Nach den Jahren der Rezession unter der konservativen Regierung Pedro Passos Coelhos (PSD) wählen die Portugiesen als neuen Ministerpräsidenten den Sozialisten António Costa (PS), der zuvor Bürgermeister von Lissabon war und verspricht, viele der Sparmaßnahmen rückgängig zu machen.
2016 Die portugiesische Nationalmannschaft gewinnt am 10. Juli die Europameisterschaft in Frankreich, in Lissabon wird tagelang gefeiert.

SEITENBLICK

Die Nelkenrevolution

Die Bilder gingen um die Welt: Panzer und Massendemonstrationen in den Straßen Lissabons, jubelnde Menschen, die den Soldaten rote Nelken in die Gewehrläufe steckten. Die Ereignisse des 25. April 1974 beendeten fast ohne Blutvergießen Europas langlebigste faschistische Diktatur. Am Beginn stand der Putsch der MFA, einer regimekritischen Gruppe von Hauptleuten, die vor allem den Kolonialkrieg in Afrika beenden wollte. Als kurz nach Mitternacht das von der Zensur verbotene Protestlied »Grândola Vila Morena« als Startsignal für den Staatsstreich im Radio ertönte, ahnte niemand, dass dies der Anfang einer revolutionären Massenbewegung sein würde. 17 Stunden später kapitulierte Salazars Amtsnachfolger Caetano.

Nun wurden die Schergen der PIDE, der portugiesischen Geheimpolizei, verhaftet, politische Gefangene befreit, Oppositionspolitiker wie Mário Soares aus dem Exil geholt. Im ersten Freudentaumel feierte man tage- und nächtelang in den Straßen und entwarf Visionen eines neuen Portugal. Unzählige Initiativen zum Umbau des Landes wurden ins Leben gerufen, während das Großkapital ins Ausland flüchtete. Es kam zum Schulterschluss von Militär und Kommunisten. Banken und Industrien wurden verstaatlicht, die Großgrundbesitzer im Alentejo enteignet. Die europäische Linke wallfahrte nach Portugal, während die westlichen Regierungen einen marxistisch-sozialistischen Sonderweg und Gefahren für das NATO-Bündnis befürchteten. Doch nach eineinhalb Jahren war der revolutionäre Elan verbraucht. Die leere Staatskasse und eine Million Flüchtlinge aus Afrika beendeten die anarchisch-utopischen Experimente. Am 25. November 1975 etablierte sich eine gemäßigte Regierung unter dem Sozialisten Mário Soares.

Kunst & Kultur

Die kulturelle Besonderheit Lissabons fühlt jeder, dennoch ist sie schwer zu beschreiben. Das Erdbeben von 1755 hat den größten Teil der historischen Bausubstanz zerstört und die Spuren der römischen, maurischen und mittelalterlichen Vergangenheit getilgt.

Das architektonische Bild der Innenstadt wird heute vorwiegend vom 18. und 19. Jh. geprägt. Hinter der Fassade einer europäischen Großstadt aber spürt man den fremden Rhythmus, den fernen Reflex des maurischen Erbes und der orientalischen Einflüsse, die jahrhundertelang auf die Hauptstadt des ehemaligen Kolonialreichs einwirkten.

In Portugal vermischten sich seit jeher Kulturtraditionen Europas und der islamisch-orientalischen Welt: arabisches Kunsthandwerk und niederländische Malerei, orientalisch inspirierter Ornamentreichtum und schmuckarme Renaissanceräume. Später kamen Einflüsse aus den Überseekolonien hinzu. Bis zur Nelkenrevolution lebte Portugal mit dem Rücken zu Europa und dem Blick nach Afrika, Asien, Brasilien. Kunststile aus europäischen Ländern wie Frankreich und Italien wurden immer erst sehr spät und meist ohne tieferes Verständnis in Portugal aufgenommen. Heute sind Macau, Angola oder Timor im Veranstaltungskalender ebenso präsent wie die Kulturszene aus Europa.

Manuelinik

Zu allen Zeiten hat man in Portugal Architektur- und Kunststile – ja sogar die Künstler selbst – importiert, etwa aus Frankreich, Flandern, Italien oder Deutschland. Nur einmal, auf dem Zenit seiner Geschichte, als König Manuel I. (der Glückliche) regierte, Vasco da Gama den Seeweg nach Indien entdeckte und sagenhafte Reichtümer aus dem Orient nach Lissabon strömten, entstand um 1500 eine genuin portugiesische Kunst. Die märchenhaften manuelinischen Steinmetzarbeiten ranken sich um Portale und Fenster, drehen Säulen zu gewundenen Tauen, werfen Anker auf steinerne Mauern und überwuchern sie mit Korallen und Tang. Verknotete Lotosblüten bilden die Fenstergitter von Kreuz-

In Stein gehauene maritime Symbole im Kloster von Belém

Ornamentik im manuelinischen Stil: das Hieronymitenkloster in Belém

gängen, und dazwischen tauchen die Insignien der Seefahrt auf: das Kreuz der Christusritter, das auf den Segeln der Karavellen prangte, und die Armillarsphäre als Zeichen König Manuels, ein nautisches Instrument in der Form einer Weltkugel. Kein anderes Zeugnis berichtet so anschaulich vom Staunen angesichts der Exotik der neu entdeckten Länder, die dieser Epoche ihren Überschwang verliehen.

Im Vorort Belém blieben zwei bedeutende Bauwerke im Stil der Manuelinik vom großen Erdbeben verschont: das Mosteiro dos Jerónimos (Hieronymitenkloster › S. 120) als Heiligtum der Entdeckerzeit und die Torre de Belém › S. 124, ein Wachturm am damaligen Hafen, von dem die Karavellen in alle Welt segelten. Die manuelinischen Bauten im Zentrum Lissabons, der Königspalast und mehrere Kirchen, haben das Erdbeben nicht überstanden. Außer der Fassade der Igreja Conceição Velha › S. 86 ist so gut wie nichts erhalten geblieben.

Das Lissabon Pombals

Die 1755 durch das Erdbeben zerstörte Stadt galt mit ihren engen Straßen und armseligen Häusern, über die hier und da Klöster und Paläste aufragten, nicht gerade als Wunder des Städtebaus. Als eine »afrikanische Stadt« charakterisierte ein französischer Besucher Lissabon Anfang des 18. Jhs.

Der Wiederaufbau Lissabons nach dem Erdbeben 1755 knüpft sich an die Person des königlichen Ministers Marquês de Pombal › S. 85. Er begriff die Zerstörung der Stadt als Chance für die Verwirklichung einer Idealstadt nach den Prinzipien seines aufgeklärten Zeitalters. So entschied er sich unter mehreren Alternativen für die radikale Neuordnung der Baixa › S. 80 als Schachbrett auf nivelliertem Terrain. Damit konnte, erstmalig in Europa, das Modell einer modernen Metropole verwirklicht werden. Die Uniformität und frühklassizistische Schlichtheit der Häuser erlaubte eine neue Ökonomie des Bauens durch die serielle Fertigung von Einzelteilen. Licht und Luft sorgten für eine gesunde Atmosphäre. Die Neuplanung Pombals bezog auch den sich westlich unmittelbar anschließenden Chiado › S. 89 und den

Uferbereich bis zur Kirche São Paulo › **S. 100** mit ein. Anlässlich der Neuordnung des Staates entstanden im Norden der Stadt die ersten Industrieviertel am Rato und an der Praça das Amoreiras mit Manufakturen zur Herstellung von Seide und Keramik. Nach 22 Jahren Pombalregierung war der durch eine vierprozentige Abgabe auf Importwaren finanzierte Wiederaufbau erst zur Hälfte durchgeführt. Überall standen noch Ruinen, vor den neuen Häusern wuchsen stinkende Müllberge. Noch Ende des 18. Jhs. klagten Besucher über die verschlammten und verschmutzten Straßen und die ärmlichen Hütten des Lumpenproletariats.

Romantismo

Von der tiefen Depression, die durch die napoleonischen Plünderungen 1807 und 1810 und die anschließende britische Besatzung verstärkt wurden, erholte sich Lissabon erst nach 1834 mit dem Sieg der Liberalen. Die 65 Klöster, die im selben Jahr aufgelöst wurden, verwandelte man in Krankenhäuser, Kasernen, Wohnungen, Schulen, Bibliotheken und Gerichtshöfe. Den Auftakt zu neuen städtebaulichen Projekten bildete die Fertigstellung des Rossio 1845 mit dem Bau des Teatro Nacional Dona Maria II. Um die Jahrhundertmitte entstand das Lissabon des »Romantismo« (1835–1880), dessen Mittelpunkte der Chiado und der Passeio Público › **S. 112** bildeten. Letzterer war eine Parkanlage mit Wasserspielen und Statuen, die sich zur Modepromenade der höheren Stände entwickelte. Hier durften sich auch die Damen der Gesellschaft, die bis dahin *à mourisca* (»wie die Maurinnen«) kaum das Haus verließen, bei Konzerten und Bällen erstmalig in der Öffentlichkeit amüsieren.

Der Chiado wurde ein Viertel »im Pariser Stil« mit Theatern, Cafés und eleganten Geschäften. Mondäne Wohnquartiere mit palastartigen Häusern und Villen gruppierten sich um die Praça do Principe Real › **S. 95** und den Pátio do Torel › **S. 110**. Modearchitekt war der italienische Bühnenbildner Cinatti, dessen Bauten durch szenische Effekte und enormen Formenreichtum ungewohnte Akzente setzten. Das Gros der neuen Wohnhäuser entwarfen allerdings Handwerksmeister. Die Schlichtheit der Architektur wurde durch die komplette Verkleidung der Fassaden mit Azulejos wettgemacht. Sie wurde durch die industrielle Fertigung bedruckter Fliesen möglich.

Im letzten Viertel des 19. Jhs. wurde das Verkehrswesen modernisiert. *Americanos* (Pferdebahnen) und *elevadores* (Aufzüge) und *ascensores* (Standseilbahnen) übernahmen den öffentlichen Transport. Die Industrialisierung kam in Gang, die Bevölkerung wuchs. Ein Konzept für eine geregelte Stadtentwicklung musste dringend gefunden werden.

Traum von der Weltstadt

1884 wurde im Zuge einer Gesamtplanung zur Stadterweiterung die Avenida da Liberdade als neue Achse nach Norden eröffnet, eine gerade Schneise nach dem Vorbild der Pariser Boulevards. Kurz nach der Jahrhundertwende setzte man die Neuordnung und Bebauung nach Nordosten mit den Avenidas Novas fort.

Die Weltstadtatmosphäre stellte sich freilich nicht so schnell ein, wie der Romancier Eça de Queirós lästerte, der die neue Architektur provinziell fand. Dies änderte sich aber mit dem großen Bauboom ab 1897. Für Thomas Manns Hochstapler Felix Krull war die Avenida da Liberdade eine der prächtigsten Straßen, die ihm je vorgekommen waren.

Zwei Architekten prägten das neue Stadtbild: Ventura Terra und Norte Junior. Gegen die kosmopolitische Architektur von Lissabons Belle Époque, die mit sämtlichen Baustilen der Vergangenheit spielte, formierte sich allerdings Widerstand von patriotischer Seite. Der Architekt Raúl Lino forderte eine Rückbesinnung auf den Nationalstil. Da man einen solchen wegen der regionalen Vielfalt im Land nicht wirklich finden konnte, erfand er die *casa portuguesa* mit leicht geschweiften Dächern, Türmchen und Erkern, runden wie eckigen Sprossenfenstern und Azulejo-Dekor.

Modernismo und Staatsarchitektur

Daneben setzten sich in den 1920er-Jahren mit dem Modernismo die Grundsätze der internationalen Moderne (kubische Bauformen ohne Ornamente) durch, die sich am Ende des Jahrzehnts mit Elementen des Art déco vermischten.

Eine vom Art déco beeinflusste Gestaltung zeigen die in den 1930er-Jahren entstandenen Wohnblöcke. Ganze Straßenzüge sind von Standardformeln wie gerundeten Balkonecken und horizontalen Profilstreifen geprägt (Avenida Alvares Cabral, Avenida Morais Soares).

Die Staatsarchitektur der Salazarzeit dominiert im Bereich der Avenidas Novas. Manifestationen faschistischen Größenanspruchs sind die Monumentalanlage Praça do Areeiro (1938) mit ihren Turmbauten und das überdimensionierte Band der Alameda Dom Afonso Henriques zwischen Instituto Superior Técnico und Fonte Monumental. Verdienste erwarb sich der Estado Novo beim Schaffen von Wohnungen für die unteren Einkommensgruppen. Anfangs hatten die Bairros Sociais und Bairros Económicos Dorfcharakter. Erstes und anspruchsvollstes Beispiel ist das Bairro Arco do Cego › **S. 118** von 1927. Ein Entwicklungsplan ordnete auch die Verkehrsführung neu. Der Alto de Monsanto › **S. 133** wurde zur grünen Lunge der Stadt aufgeforstet und als letztes und größtes Projekt der Salazarzeit entstand die erste Brücke über den Tejo, 1966 unter dem Namen Salazar-Brücke feierlich eingeweiht und 1974 in Ponte do 25 de Abril umgetauft.

Stadtplanung heute

Seit einigen Jahren befindet sich Lissabon in stetigem Umbau. Altstadtviertel werden saniert, der Flughafen großzügig ausgebaut und das Metronetz

Kunst & Kultur

Ein Blickfang ist die Hängebrücke Ponte do 25 de Abril, die den Tejo überspannt

erweitert. An der Stelle verwahrloster Industrieanlagen am Tejo-Ufer im Osten der Stadt entstand mit dem Gelände für die EXPO '98 ein neuer Stadtteil. Dort überspannt seither die neue Ponte Vasco da Gama mit einer Rekordlänge von 17,2 km den Tejo. **50 Dinge** (23) › S. 15.

Sein Gesicht wandelte auch das lange von Lagerhäusern verstellte Flussufer zwischen Cais do Sodré und Alcântara. Es entwickelte sich zu einer durchgehenden Promenade mit Restaurants, Bars, Diskos, Grünflächen , Radweg und Sporthäfen. Der Tejo wurde als Kulisse einer Flaniermeile wieder ins Stadtleben integriert.

Eine teilweise Entlastung für den Stadtverkehr brachte der Ausbau des Metronetzes anlässlich der EXPO '98. Pläne für eine Beschränkung des Autoverkehrs, für mehr Grün und für ein besseres Radwegenetz werden allmählich verwirklicht. Allerdings sind in der Altstadt ganze Straßenzeilen weiterhin dem Verfall preisgegeben.

Portugiesische Literatur

Portugal ist ein Land der Dichter. Als ältestes literarisches Dokument gilt der »Cancioneiro« der Ajuda-Bibliothek, eine Sammlung mittelalterlicher Troubadourlieder, Vorläufer des heutigen Fado. Am Beginn der modernen portugiesischen Literatur steht Gil Vicente (1485–1536), der Hofdichter König Manuels, Erfinder der *autos*, sozialkritisch gefärbter Komödien. Für das portugiesische Selbstverständnis am wichtigsten wurde allerdings das Nationalepos der Entdeckerzeit: »Die Lusiaden« von Luís de Camões (1524 bis 1580), ein Werk, das die Mission Portugals als weltbeherrschende Seefahrernation zum Thema hat.

Lissabon ist der bevorzugte Schauplatz in den Romanen von Eça de Queirós (1846–1900), dem bedeutendsten portugiesischen Schriftsteller des 19. Jhs. Im Pariser Exil entwarf er ein kritisches Sittengemälde der Lissabonner Gesellschaft, voll von funkelnder Ironie wie auch karikierendem Spott (»Die Maias«, »Vetter Basilio«, »Die Hauptstadt«).

Als Kultdichter Lissabons wird heute Fernando Pessoa (1888–1935) gefeiert, von dem zu Lebzeiten nur ein Lyrikband erschien. Er ist der wichtigste Vertreter einer um 1920 entstandenen exzentrisch-futuristischen Bewegung. Seine Dichtung umkreist das Verhältnis von Sein und Schein, vor allem die Zerrissenheit des modernen Ich. Pessoa ist der Spiegel der melancholischen Seele Lissabons. Sein »Buch der Unruhe« ist so fragmentarisch, unbestimmt und facettenreich wie die Stadt.

Unter den zeitgenössischen Autoren ist José Saramago (1922–2010, Nobelpreis 1998) der meistübersetzte. Sein Roman »Das Memorial« rankt sich um den Bau des Klosterschlosses Mafra, »Hoffnung im Alentejo« thematisiert das elende Leben der Landarbeiter vor der Nelkenrevolution. Weitere wichtige Schriftsteller, deren Werke ins Deutsche übersetzt wurden, sind vor allem António Lobo Antunes, José Cardoso Pires, Miguel Torga und Eduardo Lourenço. Unter den Autorinnen erlangten Agustina Bessa Luís

SEITENBLICK

Luís de Camões

Man kann darüber streiten, ob das portugiesische Nationalepos »Die Lusiaden« als Glorifizierung oder doch eher als Schwanengesang der Entdeckerzeit zu interpretieren ist. Die Versdichtung, bis heute Pflichtlektüre portugiesischer Schüler, ist ein mythisches Seefahrerepos wie die »Odyssee«, enthält aber zugleich viele realistische Details. Luís de Camões (1524–1580), der in der Tradition der antiken Schriftsteller seine hymnische, mythologisch überhöhte Geschichte der portugiesischen Nation verfasste, saß nicht im Elfenbeinturm. Er rühmte sich selbst, das Schwert so gut zu führen wie die Feder. Sein eigenes Leben brachte er nie unter Kontrolle. Wegen diverser Affären wurde er für Jahre nach Indien verbannt. In einer Seeschlacht vor Marokko verlor er ein Auge, bei einem Schiffbruch im Mekong-Delta seine Habe bis auf das Manuskript der »Lusiaden«. Geld hatte er nie. Mit 46 Jahren kehrte er mittellos und ausgebrannt nach Lissabon zurück, ein Fremder in der Heimat, wo sein Sklave für ihn betteln gehen musste. Es gelang ihm 1572 noch, »Die Lusiaden« in Druck zu geben, den Ruhm seines Werkes erlebte er jedoch nicht mehr. Das Jahr 1580, in dem Camões in Lissabon an der Pest starb und in einem Armengrab bestattet wurde, markierte mit dem Beginn der spanischen Fremdherrschaft das Ende der ruhmreichen Seefahrerzeit. Als leidenschaftlicher Patriot schrieb der Dichter kurz vor seinem Tod, er sei glücklich, nicht nur auf dem Boden des geliebten Vaterlandes, sondern auch zusammen mit ihm zu sterben.

Kunst & Kultur

und Lídia Jorge internationales Renommee. Ein lesenswerter Autor der jüngeren Generation ist José Riço Direitinho.

Wer nach Lissabon fährt, kann sich mit dem **Lissabonner Logbuch** (Hanser, 1997) von José Cardoso Pires oder Rolf Osangs **Seefahrer, Sehnsüchte und Saudade – Lissabonner Perspektiven** (Picus, 1998) einstimmen. Der wohl 1925 verfasste Stadtführer des berühmtesten modernen Dichters Portugals, Fernando Pessoa, ist ebenfalls sehr lesenswert: **Mein Lissabon. Was der Reisende sehen sollte** (Amman-Verlag, 2001). Eine spannende Alternative: der mehrfach prämierte Bewusstseinskrimi **Nachtzug nach Lissabon** von Pascal Mercier (btb, 2008).

Bildende Kunst

Die Geschichte der portugiesischen Malerei kennt nur eine einzige Glanzzeit: die flämisch beeinflusste **Tafelmalerei** von der Mitte des 15. Jh. bis Anfang des 16. Jhs., die man im Museu Nacional de Arte Antiga besichtigen kann › **S. 102** und deren Hauptwerk das berühmte sechsteilige Vinzenz-Altarbild mit der Darstellung Heinrichs des Seefahrers ist. **50 Dinge** ㉑ › S. 14. Malerei und Skulptur blieben ansonsten meist der dekorativen Raumausstattung untergeordnet.

Am deutlichsten zeigen dies die Kirchen aus der **barocken Glanzzeit** unter João V. im 18. Jh., in der die Wände oft geradezu mit Azulejo-Bildern und vergoldetem Schnitzwerk, *talha dourada,* tapeziert zu

> **Erstklassig**

Die sehenswertesten Museen

- In der Alfama dreht sich im **Museo do Fado** alles um den typischen Musikstil des Landes, den sehnsuchtsvollen Fado › **S. 75**.
- Das **Museu Nacional de Arte Antiga** befasst sich vor allem mit der portugiesischen Kunst des Entdeckungszeitalters und des Barock › **S. 102**.
- Hochkarätige Werke aus der Sammlung des armenischen Ölmagnaten, der seine letzten Lebensjahre in Lissabon verbrachte, sind im **Museu Calouste Gulbenkian** ausgestellt › **S. 114**.
- Das **Museu de Marinha** in Belém dokumentiert die portugiesischen Entdeckungsfahrten mit vielen Schiffsmodellen › **S. 123**.
- Kunst des 20. und 21. Jhs., die der Multimillionär Joe Berardo zusammentrug, ist in wechselnden Schauen im **Museu Colecção Berardo** zu sehen, u. a. ein Picasso von 1908 › **S. 124**.
- Portugals größte Sammlung von Fliesen *(azulejos)* aus fünf Jahrhunderten birgt das weltweit einzigartige **Museu Nacional do Azulejo** im Kloster Madre de Deus › **S. 128**.
- Kleidungsstücke aus Portugal, die zwischen dem 4. und 19. Jh. von Arm und Reich getragen wurden, präsentiert das **Museu Nacional do Traje** in einem historischen Landhaus › **S. 133**.

> **Erstklassig**

Die schönsten Gärten und Parks

- Ein romantischer Ruinenpark mit prächtiger Aussicht umgibt das **Castelo de São Jorge** › S. 72.
- Ehrwürdige Bäume des 19. Jh. spenden im stillen **Jardim Botânico** Schatten, der mit exotischer Flora aus Übersee glänzt › S. 98.
- Der **Jardim da Estrela,** einst für den Adel angelegt, ist heute ein gern besuchter Park mit Teichen, Vogelvolieren und altem Baumbestand › S. 105.
- Großzügig erstreckt sich der **Parque Eduardo VII.** in der Verlängerung der Avenida da Liberdade. Lohnend sind der Besuch der Gewächshäuser und der Ausblick auf die Stadt › S. 114.
- Tropische und subtropische Pflanzen aus aller Welt, die dank des milden Klimas hier üppig gedeihen, zieren den **Jardim Botânico Tropical** im Vorort Belém › S. 125.
- Eine wunderbare barocke Gartenanlage aus dem 17. Jh. mit in Formschnitt gebrachten Büschen und Hecken sowie prachtvollen Azulejos blieb beim **Palácio dos Marqueses de Fronteira** erhalten › S. 135.
- Der weitläufige **Parque Florestal de Monsanto** ist ein grünes Naherholungsgebiet mit reicher Flora und Fauna und lässt sich auf vielen Fuß- und Radwegen erkunden › S. 135.

sein scheinen. Kritiker rügten, dass in Portugal Architektur durch Dekoration ersetzt sei, Malerei durch Fliesen und Skulptur durch Holzschnitzerei.

Einziger bemerkenswerter Bildhauer im Barock ist **Joaquim Machado de Castro** aus der Schule von Mafra › S. 145. Das Reiterstandbild auf der Praça do Comércio sowie stattliche Altäre und Krippen aus Ton (u. a. in der Sé) zählen zu seinen Werken.

Der namhafteste und produktivste Maler der ersten Hälfte des 20. Jhs., der in der Salazarzeit hofiert wurde, ist der futuristisch geprägte **José Almada Negreiros** (1893–1970), von dem ein berühmtes Porträt seines Freundes Pessoa stammt. Die wenigen bedeutenden portugiesischen Künstler der Moderne profilierten sich im Exil, so etwa die Grande Dame der portugiesischen Malerei, **Maria Helena Vieira da Silva** (1908–1992), in Paris und **Paula Rego** in London.

Nach der Nelkenrevolution belebte sich die Kunstszene Lissabons. Einen Überblick über die Entwicklung der letzten Jahrzehnte gibt das Centro de Arte Moderna am Gulbenkianpark › S. 114. Foren zeitgenössischer portugiesischer Kunst sind das Museu do Chiado › S. 90, Culturgest › S. 116 und CCB in Belém › S. 124. Im Museu Colecção Berardo › S. 124 sind Werke aus der umfangreichen Sammlung moderKunst des Mäzens Joe Berardo › S. 123 zu sehen. Zeitgenössische Kunst bringt das neue Museum MAAT in die Stadt › S. 125.

Kunsthandwerk

Charakteristisch für Lissabon sind vor allem die berühmten **Azulejos** (Fliesen) und andere Keramikprodukte. In der Fábrica Sant' Anna und der Fábrica Viúva Lamego werden sie nach alten Vorbildern von Hand gefertigt, auch auf Bestellung › **S. 40**. Junge Kreative stellen in kleinen Altstadtateliers moderne Azulejos her.

Zwar nicht in Lissabon, sondern im nordportugiesischen Aveiro gefertigt, aber in der Hauptstadt erhältlich ist **Porzellan** der Traditionsmarke Vista Alegre. 1824 wurde die Manufaktur gegründet, aus der nur edelste Produkte kommen. In keinem wohlhabenden portugiesischen Haushalt darf Tischgeschirr von Vista Alegre fehlen. Neben historischen oder klassischen Formen gibt es auch innovative Objekte.

Azulejos sind in Lissabon allgegenwärtig

Teppiche »made in Portugal« sind die *tapetes de arraiolos* aus der kleinen Stadt Arraiolos bei Évora. Die persisch inspirierten Muster werden mit Wollfäden in Kreuzstichtechnik auf Leinen aufgebracht – eine aufwendige Handarbeit, die ihren Preis hat. Bis ins 17. Jh. geht die Produktion dieser heute von mehreren Kooperativen wieder erfolgreich vermarkteten Kostbarkeiten zurück. **50 Dinge** ㊶ › **S. 17**. Wandteppiche (*tapeçarias*) kommen aus Portalegre nahe der spanischen Grenze. Ihre Motive basieren auf den Malereien alter Meister. Wollfäden in über 7000 unterschiedlichen Farben finden Verwendung, um mit 25 000 Stichen pro Quadratmeter den Nuancenreichtum des Originals zu erzielen. Die Auflagen sind jeweils auf acht gleiche, nummerierte Exemplare limitiert.

Zur Vielfalt des Angebots in den Lissabonner Kunsthandwerksläden tragen die portugiesischen Atlantikinseln mit hochwertigen **Stickereien** bei. Von Madeira stammen ausschließlich von Hand gefertigte Spitzen. Die preisgünstigere Variante kommt aus Manufakturen auf der Azoreninsel Terceira. Zauberhaft gestickt in der Tradition mittelalterlicher Nonnenklöster wird aber auch in Viana do Castelo und Vila do Conde.

In den mittelportugiesischen Glasbläserorten Marinha Grande und Alcobaça entstehen schöne **Objekte aus Glas.** Die Marken »Marinha Grande Mglass« und »Atlantis Crystal« genießen heute Weltruf. Ihre Kollektion umfasst eine breite Palette von Gebrauchsgegenständen und Dekorationsgläsern, sowohl in traditionellen als auch modernen – von ambitionierten Designern entworfenen – Varianten.

Kunst & Kultur

Die Rua do Ouro (»Goldstraße«, heute Rua Áurea) in Lissabons Unterstadt Baixa macht ihrem Namen nur noch bedingt Ehre. Jahrhundertelang waren dort und in den benachbarten Straßen Goldschmiede und Juweliere ansässig. Heute verkaufen nur noch wenige die *filigranas,* den traditionellen **Gold- und Silberschmuck,** der wie ein zartes Gewebe erscheint. **50 Dinge** ㊲ › **S. 16.** Diese Technik wurde in Byzanz schon im 9. Jh. gepflegt, war aber auch im präkolumbianischen Amerika bekannt.

Feste & Veranstaltungen

Über aktuelle Events informieren die **Agenda Cultural Lisboa** (www.agendalx.pt), erhältlich im Turismo-Büro › **S. 151** und im Lisboa Welcome Center › **S. 152,** die Website www.visitlisboa.com, das Monatsprogramm »Follow me Lisboa« (engl.) und Rubriken in den Tageszeitungen.

Karten *(bilhetes)* für fast alle Veranstaltungen erhält man am **Pavilhão Abep** an der Praça dos Restauradores, Tel. 213 475 824, im Kaufhaus El Corte Inglés zwischen den Avenidas António Augusto de Aguiar, Marquês de Fronteira und Sidónio Pais, www.elcorteingles.pt, oder in einer der fünf Filialen von **Fnac** (in den Einkaufszentren Amoreiras, Vasco da Gama, Colombo und Armazéns do Chiado sowie am Flughafen, www.fnac.pt).

Festkalender

1. Januar: Das **Ano Novo** (Neujahr) wird mit einem großen Feuerwerk am Tejo-Ufer begrüßt.

Carnaval: Auf dem Rossio herrscht am Samstag buntes Treiben. Am Sonntag wird die Praça do Comércio zum Festplatz mit Musik, Freilichtkino und Sportwettbewerben. Ein Umzug geht am Karnevalsdienstag nachmittags durch die Straßen der Baixa. Zentrum der Veranstaltungen ist der Parque das Nações. Vielerorts in der Stadt wird gefeiert.

Ostern: Die Woche vor **Pascua** (Ostern) beginnt am Palmsonntag mit der Segnung der Palmzweige in den katholischen Kirchen. Die Prozessionen zur **Sexta-Feira Santa** (Karfreitag) fallen in Lissabon, verglichen z. B. mit Südspanien, bescheiden aus.

Ende April/Anfang Mai: Das internationale Filmfestival **IndieLisboa** bie-

Desfile da Máscara Ibérica in der Baixa

Feste & Veranstaltungen

tet Regisseuren der Independent-Szene eine Plattform (www.indielisboa.com).
Anfang Mai: Desfile da Máscara Ibérica heißt ein Umzug durch die Baixa mit rund 400 maskierten Teilnehmern von der ganzen Iberischen Halbinsel, die traditionelle Instrumente spielen, singen und tanzen.
Mitte Mai: Das **Festival de Sintra** bietet stimmungsvolle Konzerte mit alter Musik sowie Ballett in den Quintas und Palästen von Sintra und Queluz (www.festivaldesintra.pt).
Ende Mai/Anfang Juni: Alle zwei Jahre (in geraden Jahren) findet das Festival **Rock in Rio Lisboa** im Parque de Bela Vista statt (Programm: http://rockinriolisboa.sapo.pt).
13.–29. Juni: In der Nacht zum **Dia de Santo António** (Tag des hl. Antonius, 13. Juni), zugleich Stadtfeiertag, ist ganz Lissabon auf den Beinen. Speziell in der Alfama wird bis zum Morgen gegessen, getrunken, getanzt und gesungen. Höhepunkt ist ein Umzug *(marcha popular)* auf der Avenida da Liberdade. In den folgenden Tagen geht das Feiern fast ununterbrochen weiter. Auch **São João** (24. Juni) und **São Pedro** (29. Juni) werden verehrt und mit Festen und Umzügen gewürdigt.
Juni/Juli: Im Sommer jagt ein hochkarätiges Rockmusikfestival das nächste: das **Nos Alive** findet Anfang Juli am Tejo-Ufer von Algés statt (http://nosalive.com), das **Super Bock Super Rock** (www.superbocksuperrock.pt) Mitte Juli im Parque das Nações.
Erste Augusthälfte: Neun Tage lang ist Lissabon Austragungsort des von der Gulbenkian-Stiftung organisierten Festivals **Jazz em Agosto** (Karten und Programm: www.musica.gulbenkian.pt).

Oktober: Der **Rock 'n' Roll Lisbon Marathon** wird über die Distanzen Marathon, Halbmarathon und Mini-Marathon (6,5 km) ausgetragen (www.runrocknroll.com/lisbon). **50 Dinge** (5)
› **S. 12.** Buntes Begleitprogramm.
25. Dezember: Ein Familienfest ist **Natal** (Weihnachten). Das öffentliche Leben steht am 1. Weihnachtsfeiertag praktisch still.

SEITENBLICK

Konzerte
Aufführungsorte für Konzerte sind:
- **Grande Auditório Gulbenkian**
  Avenida de Berna 45 | Ⓜ Praça de Espanha | Tel. 217 823 000
  www.musica.gulbenkian.pt
- **Teatro Nacional de São Carlos**
  Rua Serpa Pinto 91 | Chiado
  Tel. 213 253 000 | http://tnsc.pt
- **Teatro Nacional Dona Maria II.**
  Praça Dom Pedro IV. | Ⓜ Rossio
  Tel. 213 250 800
  www.teatro-dmaria.pt
- **CCB** (Centro Cultural de Belém)
  Praça do Império | Belém
  Tel. 213 612 400 | www.ccb.pt
- **Culturgest**
  Ed. da Caixa | Rua Arco do Cego
  Ⓜ Campo Pequeno
  Tel. 217 905 155 | www.culturgest.pt
- **Coliseu dos Recreios**
  Rua das Portas de Santo Antão 96
  Ⓜ Restauradores
  Tel. 213 240 585
  www.coliseulisboa.com
- **MEO Arena**
  Rossio dos Olivais | Parque das Nações | Ⓜ Oriente
- Tel. 218 918 409
  http://arena.meo.pt

SPECIAL

Melodie der Sehnsucht

»Fado« bedeutet »Schicksal«. Und Fado ist weder Folklore noch Volksmusik, sondern Ausdruck des portugiesischen Seelenzustandes: der *saudade*. Dieses Gefühl von Weltschmerz, von Sehnsucht kleiden die Fadistas in herbzarte Klangpoesie. Sie besingen die Schwere des Alltags, die Schmerzen der Liebe, die Sehnsucht nach dem Meer, die Suche nach etwas nie Gehabtem oder für immer Verlorenem – und die Stadt Lissabon. Ihren Gesang begleiten die *viola*, die spanische Gitarre, und die *guitarra portuguesa*, eine Art Laute.

Berühmte Fadistas

In den 1920er-Jahren hörte die Lissabonner Gesellschaft in den Volkskneipen der Alfama, der Mouraria, des Bairro Alto und des Madragoaviertels erstmals die innigen Klänge des Fado. Seine berühmteste Interpretin war damals Maria Severa Onofriana aus der Mouraria.

Im 20. Jh. sang sich Amália Rodrigues, die große Dame des Fado, in die Herzen. Auch nach ihrem Tod (1999) wird sie wie eine Göttin verehrt. An ihrem Sarkophag im Panteão Nacional Santa Engrácia › S. 76, wo die Fadista als erste und lange Zeit einzige Frau unter Poeten und Politikern bestattet ist, sind immer frische Blumen arrangiert. Innovative Sängerinnen wie Ana Moura halten heute (www.anamoura.com.pt) die Fado-Tradition lebendig.

Achten sollte man auf Konzerte im **Coliseu dos Recreios** oder im **Centro Cultural de Belém** › S. 63. Regelmäßig treten hier bekannte Interpreten wie die Sängerin Mariza (www.mariza.pt) auf.

Fadolokale

In den Tascas, den kleinen Kneipen, vor allem in den Außenbezirken oder in den Vierteln am Tejo-Ufer, erklingt spätabends noch immer der ursprüngliche Fado. Sowohl Männer als auch Frauen stimmen ihn an – und die einheimischen Zuhörer verdrücken schon mal eine Träne. Selten beginnt solch ein Auftritt vor 23 Uhr. Man zahlt in der Regel keinen Eintritt, dafür kosten Speisen und Getränke einiges mehr. Auch bei Festen erklingt der *fado vadio*. Die extra ausgewiesenen Fadolokale sind meist touristisch und teuer. Trotzdem bieten manche durchaus Authentisches. In allen Fadolokalen sollte man reservieren.

- **Clube de Fado** [G5]
  Rua São João da Praça 92
  Alfama | Tel. 218 852 704
  www.clube-de-fado.com
  Tgl. 20–2 Uhr
- **Senhor Vinho** [D5]
  Rua do Meio à Lapa 18 | Lapa
  Tel. 213 977 456 | www.srvinho.com
  Tgl. 20–2 Uhr, Fado ab 21 Uhr
- **Café Luso** [F4]
  Travessa da Queimada 10 | Bairro Alto
  Tel. 213 422 281 | www.cafeluso.pt
  Tgl. 19.30–2 Uhr
- **A Parreirinha de Alfama** [H5]
  Beco do Espírito Santo 1
  Alfama | Tel. 218 868 209
  www.parreirinhadealfama.com
  Tgl. bis 3 Uhr
- **Maria da Mouraria** [G4]
  Rua do Capelão | Largo da Severa
  Ⓜ Martim Moniz | Tel. 218 860 165
  http://mariadamouraria.pt
  Mi–So 17–2 Uhr, Fado ab 21.30 Uhr
- **Devagar Devagarinho** [F4]
  Travessa Larga 15 | Ⓜ Avenida
  Tel. 210 137 982 | www.restaurante devagardevagarinho.com
  Mo–Do 10–22.30, Fr 10–2 Uhr,
  Sa nur bei genügend Reservierungen, Fado Fr ab 21.30 Uhr
- **O Faia** [F5]
  Rua da Barroca 54–56 | Bairro Alto
  1200-050 Lisboa | Tel. 213 426 742
  www.ofaia.com | Mo–Sa 20–2 Uhr

Fado-Museum und Tonträger

Eintauchen in die Welt des Fado kann man im **Museu do Fado** am Largo do Chafariz de Dentro am Rand der Alfama › S. 75. Das Museum bietet Hörproben aller Epochen, Führungen und Livekonzerte. Der Shop hat eine gute Auswahl an Tonträgern, Videos und Literatur mit und über Fado. **50 Dinge** ㉞ › S. 16.

Groß ist die Palette an CDs und DVDs in den fünf Filialen von **Fnac** › S. 41. Ganz auf Fado-Tonträger verlegt hat sich die **Discoteca Amália** [G5], Rua Áurea 272 (Baixa), Tel. 213 420 939, Mo–Sa 10–20 Uhr.

Amália-Kult

Ein Muss für alle Fado-Fans ist der Besuch der **Casa Museu Amália Rodrigues**, des Museums im ehemaligen Wohnhaus der Sängerin › S. 97.

Filipe La Féria komponierte das Musical **Amália** als Hommage an die berühmte Tochter der Stadt. Das Musical gibt es auf DVD und es wird im Teatro Politeama aufgeführt (www.filipelaferia.pt).

Aussicht von der Torre de Belém, Wahrzeichen der Entdeckerzeit

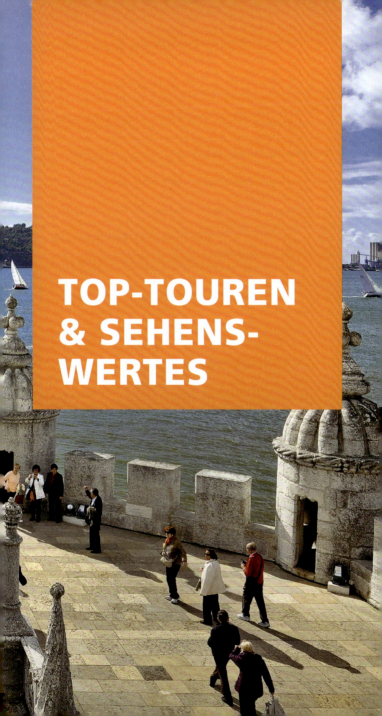

TOP-TOUREN & SEHENS-WERTES

ALTSTADT

Kleine Inspiration

- **Das prächtige Innere** der Igreja de São Vicente de Fora auf sich wirken lassen › S. 69
- **Von verschiedenen Aussichtspunkten** den Blick über Lissabon genießen › S. 72, 77
- **Das mittelalterliche Castelo** mit Ruinenpark erkunden und auf die Stadt hinunterschauen › S. 72
- **Sich in der Alfama** durch das Dickicht aus Gassen, Plätzen und Treppenstiegen treiben lassen › S. 73
- **Sich im Bistro Canto da Vila** mit einer leckeren Caipirinha erfrischen › S. 73
- **In eines der traditionellen Alfama-Lokale** zum Mittagessen einkehren › S. 75, 76

Karte S. 70

Tour 1　**Altstadt**

Das Castelo de São Jorge auf dem Burgberg thront über dem Gassengewirr der Alfama. Spazieren Sie von den Aussichtshügeln des nostalgischen Stadtteils Graça in die Mouraria, das ehemalige Maurenviertel.

Der 120 m hohe felsige Burgberg, auf dem sich das Castelo de São Jorge erhebt, ist die Keimzelle von Lissabon. Schon in vorrömischer Zeit stand hier eine Festung, die den Hafen bewachte. Weit reicht der Blick von dort oben über die Stadt und den Tejo. Wie eine Wehrburg wirkt auch die mittelalterliche Sé, die Kathedrale, die mit ihren zinnenbesetzten Türmen den Hang beherrscht. Zum Fluss hinunter klettert die Alfama mit ihrem anarchischen Gassenlabyrinth. In diesem ältesten Stadtviertel Lissabons mit seinen verwunschenen Winkeln, Treppenstiegen und Torwegen herrscht noch der Rhythmus einer anderen Zeit, es ist weitgehend ausgespart von der Hektik des Großstadtverkehrs. Historische Stadtteile mit viel Atmosphäre sind auch das traditionelle Arbeiterviertel Graça und die Mouraria.

Tour in der Altstadt

Zurück zu den Anfängen

Verlauf: Sé › Miradouro de Santa Luzia › Castelo de São Jorge › São Vicente de Fora › Miradouro da Graça › Largo da Rosa

Karte: Seite 70
Dauer: ca. ½ Tag, mit Besichtigungen auch ein ganzer Tag
Praktische Hinweise:
- Die Anfahrt erfolgt am besten per U-Bahn bis Ⓜ Terreiro do Paço.
- Bei dieser Tour, die treppauf und treppab führt, wird der Zeitplan von der eigenen Neugier und Ausdauer bestimmt.
- Für Fußmüde gibt es genügend Rastplätze und den Eléctrico Nr. 28, der an vielen Sehenswürdigkeiten entlangfährt. **50 Dinge** ① › S. 12.
- Zum Castelo de São Jorge fahren der Bus 737 und der Eléctrico Nr. 12 ab Praça da Figueira.
- Vom Endpunkt, Largo da Rosa, ist es nicht weit bis zum Ⓜ Rossio.

Tour-Start:
Casa dos Bicos **1** [G5]
Nicht weit vom Tejo steht die Casa dos Bicos mit heller Fassade aus stacheligen Spitzquadern. Nachdem das Erdbeben von 1755 nur das Erd-

Miradouro de Santa Luzia

Altstadt Tour 1

Tour in der Altstadt

Tour 1

Zurück zu den Anfängen

1. Casa dos Bicos
2. Sé
3. Igreja Santo António
4. Miradouro de Santa Luzia
5. Castelo de São Jorge
6. Palácio Azurara
7. Igreja de São Miguel
8. Chafariz d'El Rei
9. Museu do Fado
10. Igreja de São Vicente de Fora
11. Panteão Nacional
12. Vila Berta
13. Vila Rodrigues
14. Bairro da Estrela d'Ouro
15. Miradouro do Monte
16. Miradouro da Graça
17. Largo da Rosa

geschoss verschont hatte, entschloss man sich in den 1980er-Jahren zu einer Rekonstruktion. Das Gebäude ist Überbleibsel eines Stadtpalasts (1523) aus der Zeit König Manuels I. Heute ist es Sitz der Fundação José Saramago, der Stiftung des portugiesischen Literatur-Nobelpreisträgers José Saramago (1922–2010). Es finden Lesungen und Ausstellungen statt. Zu besichtigen sind die Grundmauern, die bis in die Römerzeit zurückreichen. Rua dos Bacalhoeiros 90, www.josesaramago.org, Mo–Sa 10–18 Uhr, 3 €.

Largo da Sé [G5]

Sé (lat. *sedes episcopalis*: Bischofssitz) nennt man eine Kathedrale auf Portugiesisch. Die **Sé** 2 ★ [G5] von Lissabon ließ der erste portugiesische König Afonso Henriques 1147 nach der Eroberung der Maurenstadt als christliches Siegesmonument an der Stelle einer Moschee errichten, die dem Erdboden gleichgemacht wurde.

25 Jahre dauerte es nach dem Erdbeben von 1755, die Sé in alter Pracht wieder erstehen zu lassen. Das mittelalterliche Erscheinungsbild geht auf die Restaurierung der Kathedrale zu Beginn des 20. Jhs. zurück. Das lichtarme, ernste Langhaus zeigt seither wieder die schlichte spätromanische Grundform mit dem Mittelschiff mit Tonnengewölbe und der umlaufenden Bogengalerie nach südfranzösischem Vorbild. Der Chor ist barock; Chorumgang und die Kapellen mit ihrer gotischen Gliederung stammen noch vom Wiederaufbau nach einem Erdbeben von 1340. In der mit Azulejos verkleideten Nische am Taufbecken links vom Eingang wurde der hl. Antonius getauft. Einen Blick lohnen die barocke Krippe von Machado de Castro in der Seitenkapelle und die gotischen Steingräber in den Chorkapellen.

Die Schatzkammer beherbergt den Reliquienschrein, der die sterblichen Überreste des hl. Vinzenz,

SEITENBLICK

Raben zum Schutz

Portugals erster König Afonso Henriques hatte bei seinem Kampf um Lissabon den hl. Vinzenz um den Sieg angefleht und ließ ihm hier gleich nach der erfolgreichen Eroberung der Stadt eine Kirche bauen. Seither ist der spanische Märtyrer, der Bischof von Valencia war, auch der Schutzherr Lissabons. Nach der Legende bewachten große schwarze Raben sein Grab an einem Kap bei Sagres an der Algarve, das seither seinen Namen trägt. Sie begleiteten auch das Schiff, auf dem Afonso Henriques die Gebeine des Heiligen nach Lissabon in seine neue Kirche bringen ließ. Später wurden sie in die Kathedrale überführt. Dort bewahrt man bis heute einen Schrein mit Reliquien des Heiligen auf. Das Bild eines Segelschiffs mit zwei Raben schmückt das Stadtwappen, das in Lissabons Straßen allgegenwärtig ist: z. B. als Pflastermosaik oder als Verzierung von Straßenlaternen. Auch die schönste Altartafel des Mittelalters ist dem hl. Vinzenz gewidmet › S. 59, 102.

des Schutzpatrons von Lissabon, enthält. Römische und maurische Siedlungsreste hat man bei Grabungen im frühgotischen Kreuzgang freigelegt (Largo da Sé, tgl. 9–19 Uhr, Schatzkammer 4 €).

Die zierliche **Igreja Santo António** 3 [G5] unterhalb der Sé mit barock beschwingter Giebelfassade von 1767 ist dem hl. Antonius von Padua geweiht, der 1195 an dieser Stelle geboren wurde. Unter dem Eindruck der Schriften des hl. Franz von Assisi wurde er Franziskaner; er ging nach Italien und wurde durch seine Predigten und die ihm zugeschriebenen Wunder berühmt. Mit 36 Jahren starb er in Padua. Lissabon feiert am 13. Juni › **S. 63** seinen liebsten Heiligen – Schutzpatron für alle, die etwas verloren haben: die Liebe, das Glück, ein Weltreich (Rua Pedras Negras 1, Mo–Fr 8–19, Sa, So, Fei 8–19.45 Uhr). Das angeschlossene **Museu de Lisboa – Santo Antonio** widmet sich dem hl. Antonius (Largo de Santo António da Sé 22, www.museudelisboa.pt/equipamentos/santo-antonio, Di–So 10 bis 18 Uhr, 3 €).

Zwischenstopp: Restaurant

Estrela da Sé 1 € [G5]
Liebenswertes Überbleibsel Alt-Lissabonner Gasthauskultur mit hölzernen Séparées, in denen sich heimliche Liebespaare vor fremden Blicken verbergen konnten.
- Largo de Santo António da Sé 4
  Tel. 218 870 455

Shopping

Andenkenlädchen gibt es zuhauf entlang der **Rua Augusto Rosa**. Ein besonders schöner Kunsthandwerksladen ist **A Arte da Terra** (Nr. 40, www.aartedaterra.pt, tgl. 11–20 Uhr). Bereits das Gebäude ist den Besuch wert: die Kunst wird u. a. in den alten Pferdetränken der Stallungen der Kathedrale ausgestellt.

Miradouro de Santa Luzia 4 [H5]

Der ! hübsche Aussichtsplatz mit weitem Blick über die Dächer der Alfama bis zum Tejo wurde der Schutzheiligen der Augen gewidmet. Die Terrasse mit angrenzendem Garten, überrankter Pergola und fliesenverzierten Bänken lädt zum Verweilen und Schauen ein.

Castelo de São Jorge 5 ⭐ [G4]

Durch die Travessa de Santa Luzia steigt man zur Burg hinauf. Hier befand sich im Mittelalter die maurische Herrscherresidenz innerhalb der Mauern der damaligen Stadt. Nachdem 1940 sämtliche Überbauungen entfernt wurden, ist daraus ein ! romantischer Ruinenpark mit großartigem Panorama über die Stadt geworden. Das Castelo, das man auf der Burgmauer umrunden kann, ist ideal zur ersten Orientierung (Rua de Santa Cruz do Castelo, www.castelodesaojorge.pt, März bis Okt. 9–21, Nov.–Feb. 9–18 Uhr, 8,50 €).

Zwischenstopp: Restaurants

Ideal für die Mittagspause ist das Burgcafé oder das edle Restaurant **Casa do Leão** (€€€) 2 › S. 34.
- Castelo de São Jorge | Tel. 218 880 154
  tgl. 12.30–22.30 Uhr

Tour 1: Zurück zu den Anfängen **Altstadt**

Spaziergang über die Burgmauer des Castelo de São Jorge hoch über der Stadt

Canto da Vila ❸ €€ [G5]
In dem kleinen sympathischen Bistro gibt es schmackhafte Gerichte, eine der besten Caipirinhas der Stadt und häufig brasilianische Gitarrenmusik live.
• Largo do Limoeiro 2 | Tel. 218 864 081 Do–Di 10–2 Uhr

Largo das Portas do Sol [G5]

Hangabwärts führt die Rua de São Tomé zum Largo das Portas do Sol, einem terrassenähnlichen Aussichtsplatz. Er verdankt seinen Namen den »Sonnenpforten«, einem Tor der ältesten Mauer um die Maurenstadt (Cerca Moura).

Einer ihrer Türme ist in den barocken **Palácio Azurara** ❻ [G5] integriert, in dem das **Museu de Artes Decorativas Portuguesas** mit Interieurs aus dem 16.–19. Jh. in historischen Räumen eingerichtet ist (Largo das Portas do Sol 2, www.fress.pt, Mi–Mo 10–17 Uhr, 4 €).

Alfama ⭐

Vom Largo das Portas do Sol führt einer der Wege in die Alfama hinab, Lissabons ältestes Stadtviertel. Seine Grundstruktur stammt aus maurischer Zeit. In die damals übel beleumundeten Spelunken der Alfama begaben sich zu Anfang des 20. Jhs. Bürgersöhne und Aristokraten heimlich, um den herzzerreißenden Liedern der Fadosängerinnen zu lauschen und sich unsterblich in sie zu verlieben. In der Alfama fühlt man sich in längst vergangene Zeiten zurückversetzt. Das nach langer Verwahrlosung angelaufene Sanierungsprogramm kann nur mühsam mit dem Verfall Schritt halten, moderner Wohnkomfort ist in vielen Gebäuden noch ein Fremdwort.

Bergab gelangt man über die Rua Norberto Araújo mit dem schwarzweißen Pflastermosaik und einige Treppengassen (links hinunter) zur **Igreja de São Miguel** ❼ [H5], der

Pfarrkirche der westlichen Alfama. Ihr barocker Innenraum birgt kunstvoll geschnitzte *Talha-dourada*-Altäre (Largo de São Miguel).

Unterhalb der Kirche stößt man auf die Rua de São Pedro, die belebte Hauptgasse mit Marktatmosphäre. Beim Largo de São Rafael führt die Rua da Judiaria abwärts, deren Namen an das ehemalige Judenviertel erinnert. Hier sind ein Turm der ältesten Stadtmauer und ein gotisches Doppelfenster zu sehen.

Durch den schiefen Torbogen Arco do Rosario gelangt man auf den Largo do Terreiro do Trigo, den »Kornplatz« am Fuß der Alfama, wo früher das Getreide für die Hauptstadt gespeichert wurde. Der **Chafariz d'El Rei** 8 [H5], der »Königsbrunnen«, lehnte sich ursprünglich an die Stadtmauer. Er ist der älteste bekannte Brunnen von Lissabon und existierte wohl schon im 13. Jh., auch wenn seine jetzige Form auf das 19. Jh. zurückgeht. Welches Gedränge hier herrschte, kann man aus einer Verordnung des 16. Jhs. schließen, die die Benutzung der einzelnen Wasserhähne streng einteilte: jeweils für schwarze Sklaven und Mauren, für Seeleute und freie Männer, für farbige Frauen, Sklavinnen und freie weiße Frauen …

SEITENBLICK

Sardinen über alles

Nicht wegzudenken aus dem alten Fischerviertel Alfama sind die gegrillten Sardinen *(sardinhas)*. **50 Dinge** ⑫ › S. 13. Vor den vielen kleinen Altstadtkneipen werden sie im Freien zubereitet; um die Mittagszeit und am frühen Abend zieht der Duft verführerisch durch die Gassen. Sardinen waren von jeher der Brotfisch Portugals. Riesige Schwärme zogen vor der Atlantikküste entlang und mussten nur abgeschöpft werden. Im 19. Jh., nach Erfindung der Konservendose, entstanden überall Fabriken, in denen die Frauen der Fischer Sardinen in Öl oder *escabeche* (Essigsoße mit Gewürzen) einlegten. In ganz Europa erwarben sich diese Produkte bald einen guten Ruf.

Das Grillen von Sardinen war früher eine schlichte Notwendigkeit. Vom überschüssigen Fang, der nicht konserviert wurde, ernährten die Fischer der Alfama ihre Familien. Unterdessen zieht der Preis des einstigen Arme-Leute-Essens an. Zwar haben Sardinen immer noch einen Anteil von rund einem Drittel am gesamten Fischfang des Landes, aber die Fangmengen gehen aufgrund von Überfischung spürbar zurück. Die Konservenfabriken müssen überdies mit der Konkurrenz aus Marokko mithalten. Viele Traditionsunternehmen haben bereits aufgegeben. Andere setzen verstärkt auf Qualität. Grundsätzlich findet zum Einlegen von Sardinen heute nur noch hochwertiges, natives Olivenöl Verwendung.

Die **Conserveira de Lisboa** verkauft hochwertige und nostalgisch verpackte Fischkonserven (vorwiegend Sardinen und Thunfisch in unterschiedlichen Zubereitungsformen) aus eigener Produktion (Rua dos Bacalhoeiros 34, Tel. 218 864 009, www.conserveiradelisboa.pt, Mo–Sa 9–19 Uhr).

Tour 1: Zurück zu den Anfängen **Altstadt**

Der Fuß der Alfama lag einst direkt am Flussufer. Der Dockbereich und die Uferstraße entstanden erst im 19. Jh. Am Largo do Chafariz de Dentro, dem alten Foyer der Alfama am Tejo, ist das **Museu do Fado** 9 [H5] einen Besuch wert (Nr. 1, www.museudofado.pt, Di–So 10–18 Uhr, 5 €). Es bietet u. a. ❗ Hörproben an interaktiven Multimediastationen, präsentiert Instrumente und Fotos › **S. 64. 50 Dinge** 34 › **S. 16.** Zum Museum gehört das Café-Restaurant A Travessa do Fado (Mi–So 11–1 Uhr).

Fado-Legende: Amália Rodrigues

Vom Largo do Chafariz de Dentro führt nach rechts die Rua dos Remédios in den vornehmeren Osten der Alfama, die sog. *zona nobre*.

Zwischenstopp: Restaurant
Mestre André 4 € [H4]
Neben einem manuelinischen Portal lädt das einfache kleine Esslokal zur Einkehr ein. Im Sommer stehen Tische im Freien.
- Calçadinha de Santo Estevão 6
  Tel. 218 866 232
  www.restaurantemestreandre.com
  Di–Fr 18–23, Sa, So 12.30–23.30 Uhr

Igreja de São Vicente de Fora 10 ⭐ [H4]

An der Stelle dieser architektonisch bedeutendsten Kirche Lissabons schlugen 1147 während der Belagerung des maurischen Lissabon die flandrischen und kölnischen Kreuzritter, die König Afonso Henriques bei seiner Unternehmung unterstützten, ihre Zelte auf. Später ließen sie ihre Gefallenen auf dem ehemaligen Lagerplatz begraben.

São Vicente, das der König gleich nach der Eroberung gründete, gehört zu den ältesten Stadtpfarreien. Während der Herrschaft der Spanier im Auftrag von König Felipe neu errichtet und 1629 eingeweiht, war der repräsentative Spätrenaissancebau 200 Jahre lang vorbildlich für Lissabons Kirchenarchitektur. Am Entwurf waren der italienische Hofarchitekt Felipe Terzi und der Escorial-Baumeister Herrera beteiligt.

Der mit schwarzem und weißem Marmor verkleidete Innenraum strahlt Ruhe aus. Ein flaches hölzernes Tonnengewölbe ersetzt die beim großen Erdbeben eingestürzte Kuppel. Von Machado de Castro stammt der barocke Hochaltar mit gewundenen Säulen. Im südlichen Querschiff wird die Grabplatte für den bei der Belagerung von Lissabon gefallenen deutschen Ritter Heinrich aufbewahrt, aus dessen Grab eine wundertätige Palme gesprossen sein soll (Largo São Vicente, Di–So 9–18 Uhr).

In den Kreuzgängen des angrenzenden Klosters sind großflächige Azulejo-Paneele aus dem 17. Jh. zu bewundern. Das frühere Refektorium wurde 1885 zur Grablege der Bragança-Dynastie umfunktioniert, die 1640–1910 die portugiesischen Könige stellte. Schwere Marmorsarkophage bergen die sterblichen Überreste von João IV. und anderen Monarchen (Di–So 10–18 Uhr, 5 €).

Zwischenstopp: Restaurant
A Parreirinha de São Vicente ❺ € [H4]
Das volkstümliche Lokal serviert gegrillte *carapauzinhos* (Makrelen) und *lulas.*
- Calçada de São Vicente 54
  Tel. 218 868 893

Campo de Santa Clara
Hinter São Vicente öffnet sich ein freundlicher Platz mit Blick auf die glitzernde Tejo-Bucht und die weiße Kuppel der Igreja Santa Engrácia. Auf der linken Seite reihen sich herrschaftliche Fassaden aneinander und in der Mitte erhebt sich der **Mercado de Santa Clara,** eine historische Markthalle mit Lebensmittelständen und Trödelläden (Campo de Santa Clara, Di–So 10–18 Uhr).

Die **Feira da Ladra** [H4] (»Markt der Diebin«), Lissabons ältester Trödelmarkt, findet auf dem Campo de Santa Clara statt (Di und Sa 9–18 Uhr). **50 Dinge** ⑨ › S. 13.

Zwischenstopp: Café
Clara Clara ❻ € [H4]
Bei jungen Lisboetas ist das Esplanadencafé ebenso beliebt wie bei müden Flohmarktbesuchern. Köstlicher Kaffee und Kuchen!
- Jardim de Santa Clara
  Tgl. 10–23 Uhr

Panteão Nacional ⑪ [H4]
Die Bauarbeiten an der Igreja de Santa Engrácia begannen 1682, konnten aber erst im 20. Jh. zum Abschluss gebracht werden: 1966 setzte man dem prächtigen Zentralbau die Kuppel auf. Der langen Er-

Schöner Aussichtsplatz an der Wallfahrtskirche Nossa Senhora do Monte

Tour 1: Zurück zu den Anfängen **Altstadt**

bauungszeit der Kirche verdankt sich ein geflügeltes Wort: Als »Obras de Santa Engrácia« bezeichnet man Werke, die ewig nicht zu Ende gebracht werden. Santa Engrácia wurde zu einer Zeit fertiggestellt, als man eine so große Kirche nicht mehr brauchte. Daher widmete man sie zum Panteão Nacional, zur Ruhmeshalle für nationale Größen um. Nun sind hier die Grabdenkmäler illustrer Portugiesen aufgestellt, u. a. auch das der Fadosängerin Amália Rodrigues oder des Fußballspielers Eusébio. Kenotaphe ehren Vasco da Gama und andere Protagonisten des Zeitalters der Entdeckungen. Von der Aussichtsplattform in 40 m Höhe bietet sich ein schöner Blick (Campo de Santa Clara, www.panteaonacional.pt, Di bis So 10–17, Sommer 10–18 Uhr, 4 €).

Graça

Die Rua da Voz do Operário (»Straße der Arbeiterstimme«) ist sozialgeschichtlich interessant. Hier liegt der Sitz des Arbeitervereins mit Säulen an der Eingangsfront (1913). Die »Voz do Operário«, 1883 als Selbsthilfeverein der Tabakarbeiter gegründet, unterhält noch heute Kindergärten und Grundschulen.

Ende des 19. Jhs. erlebte Lissabon einen Industrialisierungsschub, der mit einem immensen Zustrom von Menschen verbunden war. Um dem akuten Wohnraummangel abzuhelfen, finanzierten einige Unternehmer Wohnsiedlungen für ihre Untergebenen, sog. *vilas* und *pátios*. Sie liegen meist im Umkreis des Largo da Graça. Am schönsten ist die **Vila Berta** 12 [H4] (Rua do Sol à Graça 55/59) mit eisernen Balkonterrassen von 1902.

Hangabwärts liegt die **Vila Rodrigues** 13 [H4] (1902, Rua Senhora da Glória 142) mit den charakteristischen eisernen Außentreppen und Galerien. Ein richtiges kleines

> **!Erstklassig**
>
> ### Die reizvollsten Aussichtspunkte
>
> - Über den Dächern der Alfama schwebt der viel besuchte **Miradouro de Santa Luzia** › S. 72.
> - Einen der schönsten Panoramablicke über Lissabon bietet der Burgpark des **Castelo de São Jorge** über der Altstadt › S. 72.
> - Nicht nur die tolle Aussicht, sondern auch die geheimnisvolle Wallfahrtskirche locken zum **Miradouro do Monte** › S. 78.
> - Bis zur Tejo-Brücke Ponte 25 de Abril schaut man von der Café-Terrasse am **Miradouro da Graça** › S. 78.
> - Die Auffahrt mit dem nostalgischen **Elevador de Santa Justa** führt zu einer luftigen Plattform hoch über der Baixa › S. 82.
> - Aus westlicher Richtung erschließt sich die Sicht über Lissabon vom **Miradouro São Pedro de Alcântara** aus › S. 94.
> - Vom schattigen **Jardim do Torel**, zu erreichen per Standseilbahn, schweift der Blick über die Avenida zum Bairro Alto › S. 112.

Altstadt Tour 1: Zurück zu den Anfängen

Quartier schuf ein galicischer Fabrikant auf der Westseite der Rua da Graça mit dem **Bairro da Estrela d'Ouro 14** [G3/4] von 1908, dessen Sternensymbole das Azulejo-Bild am Eingang, Straßenpflaster, Balkone und Hauswände zieren. Der Zugang erfolgt über die Rua Senhora do Monte und Rua Josefa Maria.

Für Sammler schöner Ausblicke lohnt der **Miradouro do Monte 15** [G4], ❗ einem der höchsten Punkte der Stadt mit 360-Grad-Panorama. Versteckt unter Bäumen steht dort die **Ermida de São Gens e de Nossa Senhora do Monte,** eine Wallfahrtskirche, die dem ersten Bischof der Stadt und der Muttergottes geweiht ist. In den Bischofsstuhl von São Gens setzen sich auch heute noch Frauen, um von dem Heiligen Kindersegen zu erbitten.

Ein weiterer grüner Aussichtsbalkon ist der **Miradouro da Graça 16** [G4]. Er liegt bei der gleichnamigen Igreja da Graça. Vor der Kirche lockt ❗ eine schattige Café-Terrasse mit Panoramablick › **S. 43**.

Unterhalb des Aussichtspunkts erstreckt sich mit dem **Jardim da Cerca da Graça** eine neue Grünanlage mit Spielplatz, Café, romantischen Sitzbänken und hübschen Beeten.

Mouraria

Der Treppensteig Caracol da Graça (»Schnecke«) windet sich von der Igreja da Graça hinunter zum ehemaligen Maurenviertel. Es wurde nach der Eroberung von 1147 den in der Stadt verbliebenen Mauren zugewiesen. Sie durften dort zwar weiterhin ihre Religion ausüben, doch ihr Leben war ebenso wie das der Juden streng reglementiert. Nach Sonnenuntergang herrschte strikte Ausgangssperre. 1496 wurde die freie Religionsausübung schließlich aufgehoben, und dies bedeutete entweder Einwilligung zur christlichen Taufe oder aber Vertreibung.

Im 19. Jh. war die Mouraria anrüchig und verrufen. In ihren Tavernen soll der Fado geboren worden sein. Zumindest lebte hier seine berühmteste Interpretin, Maria Severa Onofriana (1820–1846). Über den Largo do Terreirinho und die Rua Marquês de Ponte do Lima geht es hinunter zum zum **Largo Martim Moniz.**

Wer länger durch das multikulturelle Viertel bummeln will, bleibt auf der Rua Marquês de Ponte do Lima. Rechts neben der rosafarbenen barocken Igreja do Socorro erinnert eine Tafel an der Hauswand daran, dass sich dort die erste Niederlassung der Jesuiten befand – zur Durchsetzung der Rechtgläubigkeit schon 1542 berufen.

Aristokratisch erscheint der **Largo da Rosa 17** [G4] mit seinen renovierten Palastfassaden in Pink, die dem Namen des Platzes alle Ehre machen. An kleinen Tascas vorbei geht es durch die Rua de São Cristovão zur gleichnamigen Kirche. Der Treppensteig davor führt vorbei an einem eindrucksvollen Fado-Graffiti hinab zur Rua da Madalena in der Baixa.

Blick vom Elevador de Santa Justa auf Baixa und Burgviertel

BAIXA

Kleine Inspiration

- **Das schwarz-weiße Mosaik** aus kunstvoll arrangierten Pflastersteinen auf dem Rossio bewundern › S. 81
- **Mit dem nostalgischen Elevador de Santa Justa** in die Oberstadt hinauffahren › S. 82
- **In einem der volkstümlichen Lokale** der Baixa ein Mittagessen einnehmen › S. 82, 83
- **Einen Einkaufsbummel** durch die Fußgängerzone Rua Augusta und die anliegenden Querstraßen unternehmen › S. 83
- **Den Blick über die Praça do Comércio** schweifen lassen, Lissabons einstiges Tor zur Welt › S. 84
- **In die quirlige Marktatmosphäre** des Mercado da Ribeira eintauchen › S. 86

Baixa Tour 2

Vom lebhaften Rossio bummeln Sie durch die rasterförmig angelegten Straßenzüge der Unterstadt Baixa mit ihren feinen Geschäften zur repräsentativen Praça do Comércio am Tejo.

Das regelmäßige Schachbrett von Downtown Lissabon zwischen den großen Stadtplätzen Rossio und Praça do Comércio am Tejo ist das Ergebnis des Wiederaufbaus nach dem Erdbeben von 1755. Die Baixa (wörtlich »Senke«), einst eine Tejo-Bucht, wurde erst um 1300 trockengelegt und bebaut. Sie entwickelte sich zum Mittelpunkt der aufsteigenden Seemacht Portugal und war schon im Mittelalter Zentrum von Handel und Kommerz.

Nach den tagelangen Feuersbrünsten, die dem großen Beben von 1755 folgten, war die Baixa mit dem Königspalast völlig zerstört. Das Chaos und die grenzenlose Panik, die in der Stadt herrschten, wurden in kürzester Zeit unter Kontrolle gebracht. Dies war das Verdienst des Ministers Marquês de Pombal. Dieser ehrgeizige Mann wurde vom König mit diktatorischen Vollmachten ausgestattet und mit der Organisation des Wiederaufbaus betraut. Schon einen Monat nach dem Erdbeben lagen die ersten Pläne vor. Pombal entschied sich für die radikale Lösung, die Baixa vollständig einzuebnen und dort ohne Rücksicht auf die bisherigen Besitzverhältnisse eine funktionelle Modellstadt nach den bürgerlichen und antiklerikalen Idealen der Aufklärung zu errichten: gerade, breite Straßen, gesäumt von gleichförmigen Häuserblocks mit Gewerberäumen und Wohnungen darüber. Die Baixa wurde zum bürgerlichen Handelszentrum – ohne Königsresidenz und Adelspaläste. Bis heute ist die Baixa ein umtriebiges Geschäftsviertel.

Das charakteristische Wellenmuster des Platzes und der Brunnen kennzeichnen den Rossio

Karte S. 83

Tour 2: Geschäftsviertel vom Reißbrett **Baixa**

Tour in der Baixa

 Geschäftsviertel vom Reißbrett

Verlauf: Rossio › Elevador Santa Justa › Rua Augusta › Praça do Comércio › Cais do Sodré

Karte: Seite 83
Dauer: ca. 2 Std.
Praktische Hinweise:
- Der Rossio ist Verkehrsknotenpunkt mit dem nahe gelegenen Bahnhof sowie den Metrostationen Ⓜ Restauradores und Ⓜ Rossio.
- In der Baixa selbst bewegt man sich am besten zu Fuß.
- Zurück geht es dann ab Ⓜ Cais do Sodré (auch Bahnhof).

Tour-Start: Rossio 1
[F4/G4]

Der Stadtplatz mit zwei Brunnen aus Paris (1890) und der Statue des offiziellen Namenspaten Dom Pedro IV. in der Mitte war jahrhundertelang Markt- und Gerichtsstätte, Versammlungs- und Festplatz; hier fanden Stierkämpfe und Ketzerverbrennungen statt. Der Palast des Großinquisitors okkupierte die Nordseite des Platzes, an der sich heute das **Teatro Nacional Dona Maria II.** mit seiner klassizistischen Säulenfront erhebt. Das schwarzweiße Wellenmuster aus Kalk- und Basaltsteinen ist das älteste Pflastermosaik der Stadt (Mitte 19. Jh.).

An dem kleinen Platz neben dem Theater verbirgt sich hinter einer schlichten Kirchenfassade eine der eindrucksvollsten Kirchen Lissabons: Die **Igreja de São Domingos** gehörte ehemals zu einem prachtvollen Dominikanerkloster aus dem 13. Jh. Sie wurde im 16. Jh. Schauplatz schlimmer Inquisitionsprozesse. Nachdem sie 1959 von einem Brand zerstört wurde, entschied man sich für einen Wiederaufbau, der vor dieser unrühmlichen Geschichte Demut zeigt: Die verbrannten Säulen ließ man einfach stehen. Nebenan lockt der älteste Kirschlikörausschank **A Ginjinha** seit 1840 Gäste an. **50 Dinge ⑳ › S. 14.**

Der Rossio ist brausender Mittelpunkt Lissabons. Die Cafés Nicola und Pastelaria Suiça › S. 39 sind altehrwürdige Logenplätze zur Beobachtung der lebendigen Platzbühne.

Auf der **Praça da Figueira** 2 [G4] erhebt sich eine Reiterstatue, die König João I. darstellt.

Zwischenstopp: Café

Die **Confeitaria Nacional** ❶, eine liebenswert altmodische Konditorei, hält an der Ecke zum Rossio beliebte Naschereien bereit › S. 38.

Shopping

Manuel Tavares
In dem 1860 gegründeten Feinkostladen kann man sich mit Kulinaria eindecken: edlem Port, pikantem *queijo de ovelha* (Schafskäse) aus Azeitão, Schinken oder *chouriço*. **50 Dinge ㉛ › S. 15.**

• Rua da Betesga 1-A
http://manueltavares.pt

Baixa Pombalina ★

Die von Pombal geplante heutige Baixa Pombalina schließt südlich an den Rossio und die Praça da Figueira an. Der Stadtteil besteht aus einem rechtwinkligen Raster von acht Längs- und acht Querachsen. Die Straßen der Längsachse wurden den wichtigsten Zünften zugewiesen: die Straße der Gold- und der Silberschmiede (Rua do Ouro bzw. Rua Áurea – und Rua da Prata), der Vergolder (Douradores), Tuchhändler (Fanqueiros), Schuh- (Sapateiros) und Sattelmacher (Correeiros). **50 Dinge** (37) › S. 16.

Zwischenstopp: Restaurants

O Arco 2 € [G5]
Traditionelle portugiesische Küche, serviert in familiärem Ambiente. Mi geschl.
• Rua dos Sapateiros 161
Tel. 213 420 142 | 12–15, 19–23 Uhr

Leitaria A Camponeza 3 € [G5]
Das winzige, mit Stuck und Azulejos verzierte Grillrestaurant geht auf ein älteres Jugendstilcafé zurück.
• Rua dos Sapateiros 155
Tel. 213 463 280 | tgl. 19–23 Uhr

Elevador de Santa Justa 3 ★ 4 [G5]

Am Ende der Querstraße Rua de Santa Justa ist ein filigraner Eisenturm zu bestaunen: der 1902 eröffnete Aufzug Santa Justa als Direktverbindung zum 45 m höher gelegenen Stadtteil Chiado. Sein Erbauer war ein Schüler Gustave Eiffels, der Ingenieur Raoul Mesnier de Ponsard, der auch die Standseilbahnen Lissabons konstruierte.

Die ! Auffahrt mit einer der beiden nostalgischen Fahrstuhlkabinen sollte man sich nicht entgehen lassen (Rua do Ouro, Nov.–Feb. tgl. 7.30–21, März–Okt. bis 23 Uhr, 5 €, inkl. Miradouro). Oben gewährt die Aussichtsplattform des **Miradouro**

SEITENBLICK

Das große Beben

An Allerheiligen, am 1. November 1755, morgens kurz vor 10 Uhr bebte die Erde. Das gewaltigste *terramoto* der Stadtgeschichte, das die Stufe 9 der Richterskala erreichte und in ganz Europa wie auch von Marokko bis zu den Karibischen Inseln spürbar war, legte Lissabon in Trümmer. Die Katastrophe zerstörte nicht nur eine Stadt, sondern auch das auf Berechenbarkeit angelegte Weltbild der Vernunft und erschütterte die aufgeklärten Geister Europas von Kant bis Voltaire. Noch Jahrzehnte später erregte sich Goethe über »die schrankenlose Willkür der Natur«.

Nach den tagelangen Feuersbrünsten, die dem Beben folgten, war der größte Teil Lissabons, das damals eine Viertelmillion Einwohner hatte, vernichtet. 110 Kirchen, 300 Paläste und sämtliche Hospitäler waren zerstört. Die Angaben über die Zahl der Todesopfer reichen von 10 000 bis 60 000, wahrscheinlich verloren über 20 000 Menschen ihr Leben. Vom Adel, der ebenso wie die Königsfamilie den Feiertag auf seinen Landgütern verbracht hatte, kam niemand zu Schaden.

Karte S. 83

Tour 2: Geschäftsviertel vom Reißbrett **Baixa**

de Santa Justa den vielleicht schönsten Blick auf die Stadt (tgl. 9–20, März–Okt. bis 21 Uhr, 1,50 €).

Um die Rua Augusta [G5]

Die Hauptachse der Baixa, die Rua Augusta, ist Fußgängerzone ebenso wie die angrenzenden Querstraßen. Nicht nur Shopping ist hier angesagt, sondern auch Kulinarisches wird geboten. Überall halten kleine Imbissläden *petiscos* wie *pastéis de bacalhau* (Stockfischkroketten) bereit. Einkehren kann man in die volkstümlichen Lokale etwa in der Rua dos Correeiros und der Rua da Conceição, die zur Mittagszeit gut besucht sind.

Tour in der Baixa

Tour ❷

Geschäftsviertel vom Reißbrett

1. Rossio
2. Praça da Figueira
3. Elevador de Santa Justa
4. Núcleo Arqueológico da Rua dos Correeiros
5. MUDE – Museu do Design e da Moda
6. Praça do Comércio
7. Lisboa Story Centre
8. Paços do Concelho
9. Igreja Conceição Velha
10. Mercado da Ribeira

Selten so menschenleer ist die Rua Augusta, die auf die Praça do Comércio führt

Ein ohne spätere Veränderungen erhaltenes Haus aus der Pombalzeit steht in der Rua Augusta 44/52. Die Struktur der damaligen Häuser war denkbar einfach: vier oder fünf Stockwerke mit Läden im Parterre und ein Mansardendach. Dekoration war per Dekret verboten. Nur die Eckpilaster und die Balkongitter der ersten Etage unterbrechen die monotone Fensterreihung.

Auch die helle Ockerfarbe der Putzfassaden war vorgeschrieben. Eine technische Neuerung stellte die erdbebensichere Konstruktion über einem fachwerkartigen Holzgerüst dar, das man *gaiola* (Käfig) nannte. In den Straßen wurde eine erste Kanalisation verlegt, die Häuser selbst verfügten weder über Sanitäranlagen noch über Kamine zum Heizen.

Beim Umbau einer Bankfiliale wurde in den 1990er-Jahren der Untergrund ergraben. Angefangen mit der iberisch-karthagischen Zeit, decken die Funde 2500 Jahre Stadtgeschichte ab. Die archäologische Stätte ist heute mitsamt einem kleinen Museum als **Núcleo Arqueológico da Rua dos Correeiros** 4 [G5] zu besichtigen (Rua dos Correeiros 21, Mo–Sa 10–12, 14–17 Uhr, Eintritt frei, stündl. Führungen).

In einem früheren Bankgebäude eröffnete das **MUDE – Museu do Design e da Moda** 5 [G5]. Den Grundstock seiner Sammlung bilden rund 1000 Designobjekte sowie ca. 1200 Kleidungsstücke der Haute Couture aus allen Epochen des 20. Jhs. (Rua Augusta 24, www.mude.pt, Di–So 10–18 Uhr, Eintritt frei).

Praça do Comércio 6 ★ [G5]

Am **Arco da Rua Augusta** endet die gleichnamige Straße. Der große Triumphbogen von 1875 bietet von oben einen großartigen Panorama-

Karte S. 83

Tour 2: Geschäftsviertel vom Reißbrett **Baixa**

blick über die Innenstadt. Ein Fahrstuhl führt hinauf (Rua Augusta 2, tgl. 9–19 Uhr, 2,50 €).

Durch den Bogen tritt man auf die Praça do Comércio. Deren ursprünglichen Namen Terreiro do Paço (»Schlossplatz«) verwenden die Lissabonner noch immer. Denn vor dem großen Erdbeben stand hier der unter Manuel I. errichtete Königspalast. Seit seiner Neugestaltung unter Pombal rahmen Arkaden den weiten, zum Fluss hin offenen Platz. In der Mitte steht das bronzene Reiterstandbild von Dom José I. (1775), dem königlichen Auftraggeber Pombals. Entworfen wurde es von Machado de Castro.

In den Gebäuden ringsum sind außer der Börse verschiedene Ministerien sowie das **Lisboa Welcome Center** (Ask me Lisboa) › **S. 152** untergebracht. Zu einer multimedialen Zeitreise durch die Stadtgeschichte lädt das **Lisboa Story Centre** **7** [G5] ein. Besonders eindrucksvoll kann der Besucher u. a. das große Erdbeben von 1755 in 4D »miterleben« (Praça do Comércio 78, www.lisboastorycentre.pt, tgl. 10–20 Uhr, letzter Einlass 19 Uhr, 7 €).

An der Ostseite der Praça do Comércio steht das Art-déco-Gebäude der **Estação Sul e Sueste** (1931). Der alte Flussbahnhof wurde durch die moderne **Estação Fluvial Terreiro do Paço** gleich nebenan ersetzt, von der man per Fähre in 40 Min. nach Barreiro am Südufer des Tejo übersetzt.

Am **Cais das Colunas** (Kai der Säulen) führt eine Marmortreppe mit zwei durch die Gezeiten verwitterten Säulen aus dem 18. Jh. an ihrem Ende direkt in den Tejo.

Vor dem ehemaligen Postamt an der Praça do Comércio fiel König Carlos I. zusammen mit dem

SEITENBLICK

Marquês de Pombal

1755 war er der Mann der Stunde: modern, tüchtig, zupackend und radikal in seinem Durchsetzungsvermögen. Einen »aufgeklärten Despoten« hat man den Minister von König José I. genannt, dem der Wiederaufbau des vom Erdbeben zerstörten Lissabon zu verdanken ist. Mit Zustimmung des Königs, der das Regieren bald ganz seinem Vertrauensmann überließ, entstand nicht nur eine neue Stadt aus den Ruinen. Das gesamte marode Staatswesen sollte umgekrempelt werden, eine Herkulesarbeit, die Pombal nur teilweise verwirklichen konnte. Er sorgte für mehr soziale und steuerliche Gerechtigkeit, schaffte die Sklaverei ab, kümmerte sich um die Produktivität der Landwirtschaft und reformierte die Volkswirtschaft, u. a. durch die Gründung einer Staatsbank und mehrerer Manufakturen. Er beschnitt die Vormachtstellung von Adel und Kirche, vertrieb die Jesuiten und setzte feudalen Privilegien ein Ende. Damit schuf er sich Todfeinde, die dafür sorgten, dass die Ära Pombal nach dem Tod Josés 1777 mit der Herrschaft der frommen Maria I. jäh beendet wurde. Verbannt und verbittert verbrachte der große Reformator seine letzten Lebensjahre auf seinem Landsitz in Oeiras bei Lissabon.

Baixa Tour 2: Geschäftsviertel vom Reißbrett

Karte S. 83

Buntes Angebot in der Markthalle des Mercado da Ribeira

Thronfolger Luís Filipe 1908 während einer Kutschfahrt einem Attentat zum Opfer. Am 5. Oktober 1910 wurde – gleich um die Ecke – von den **Paços do Concelho** 8 [G5] (Rathaus) aus die Republik proklamiert (Praça do Município 78). Bei der gewundenen Säule auf dem Vorplatz handelt es sich um einen *pelourinho* (Schandpfahl), einst Zeichen städtischer Gerichtsbarkeit.

Ein Abstecher in die Rua da Alfândega führt zur **Igreja Conceição Velha** 9 [G5]. Das manuelinische Portal und die Fenster der Fassade stammen von der beim Erdbeben zerstörten Kirche der Misericórdia, einer bereits im Mittelalter gegründeten Wohlfahrtsorganisation. Die **Santa Casa da Misericórdia** existiert bis heute und widmet sich der Armenfürsorge. Sie finanziert sich über Lotterieeinnahmen. Zum Straßenleben in Lissabon gehören die Rufe der Losverkäufer, die durch die Gassen und Lokale ziehen.

Zwischenstopp: Restaurant
Martinho da Arcada 4 €€€ [G5]
Hier ertränkte schon Fernando Pessoa als Stammgast seine *saudade* im Alkohol. Das 1778 als erstes Café der Stadt gegründete Establissement ist ein Restaurant mit Eckcafé von Alt-Lissabonner Charme mit Pessoa-Souvenirs › S. 38.

Cais do Sodré [F5]
Die Rua do Arsenal mit ihren kleinen Lebensmittelgeschäften und Souvenirläden führt zum Cais do Sodré, einem wichtigen Verkehrsknotenpunkt. Den gleichnamigen Bahnhof aus dem Jahr 1928 schmücken ornamentale Art-déco-Fliesenmosaike. Von hier aus fahren die Züge nach Estoril und Cascais (Linha de Cascais › S. 30).

Die Kuppelhalle des **Mercado da Ribeira** 10 [F5] schräg gegenüber, an der Avenida 24 de Julho, diente früher als städtischer Zentralmarkt. Aus Platzgründen wurde dieser in einen Vorort verlegt. Der Markt beherbergt heute ! das angesagte »Time-Out«-Gastronomie-Konzept › S. 40. Im ursprünglichen Teil der 1882 gebauten Markthalle werden weiterhin frische Lebensmittel aller Art sowie Blumen verkauft.

Die Uferpromenade am Cais do Sodré ist Treffpunkt der Jogger, Skater und Radfahrer.

Die Standseilbahn mit der größten Steigung ist der Ascensor da Bica

OBERSTADT UND WESTLICHE INNENSTADT

Kleine Inspiration

- **Per Standseilbahn ins Chiado-Viertel** oder in die Bica hinaufgleiten › S. 94, 100
- **Das Nightlife im Bairro Alto** mit seinen Restaurants, Diskos, Szene- und Fadolokalen erleben › S. 44, 95
- **In den »Dschungel«** des Jardim Botânico eintauchen › S. 98
- **Im Museu Nacional de Arte Antiga** wahre Meisterwerke bewundern › S. 102

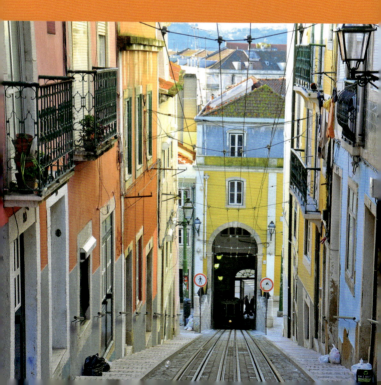

Oberstadt und westliche Innenstadt Tour 3 | 4

Auf den Spuren der Bourgeoisie, der Dichter und des Fado im Chiado und Bairro Alto. Volkstümliche und vornehme Wohnviertel im Westen warten mit interessanten Museen auf, die Miradouros mit tollen Ausblicken.

Zwei Standseilbahnen und der Aufzug Santa Justa führen zu den westlich der Baixa über einem Steilhang liegenden Vierteln Chiado und Bairro Alto hinauf. Der Chiado war seit Mitte des 19. Jhs. das Promenierviertel des gehobenen Bürgertums und 1878–1902 der erste und einzige Stadtteil Lissabons mit elektrischer Straßenbeleuchtung. »Paris em Lisboa« (Paris in Lissabon) steht heute noch an der Jugendstilfassade eines Ladengeschäfts, und das genau war es, was man anstrebte: Weltstadtniveau nach Pariser Vorbild mit luxuriösen Geschäften, Cafésalons, Oper und Theatern. Immer noch atmet der Chiado mit seinen vornehmen Fassaden den diskreten Charme der Bourgeoisie.

Buntes Volksleben dagegen erfüllt das Bairro Alto. Zur Nachtzeit wandelt sich dort das Bild: Die engen Sträßchen mit den bröckelnden Fassaden beherbergen, was man tagsüber kaum bemerkt, Lissabons größte Konzentration an Kneipen – Restaurants, Bars, Fado-Lokale. Die vornehme Westseite des Bairro Alto wie auch die traditionellen Viertel Estrela, Lapa und Madragoa sind hingegen still und aristokratisch.

Fernando Pessoa hat vor dem Café A Brasileira im ehemaligen Literatenviertel Chiado seinen Stammplatz

Karte S. 90   Tour 3: Chiado und Bairro Alto   **Oberstadt und westliche Innenstadt**

Touren in Oberstadt und Westen

Chiado und Bairro Alto

Verlauf: Rossio › Chiado › Miradouro São Pedro de Alcântara › Bairro Alto › São Bento › Jardim Botânico › Largo do Rato

Karte: Seite 90
Dauer: ca. ½ Tag, mit Besichtigungen auch länger
Praktische Hinweise:
- Ausgangspunkt ist der Rossio (per Bahn oder Ⓜ Rossio bzw. Restauradores).
- Zurück geht es ab Ⓜ Rato.
- Die Tour sollte man in kleinere Etappen aufteilen, denn so manches verlockt am Wege zur Rast.

Tour-Start: Rua Garrett

Der zentrale Aufgang zum **Chiado** ★ führt vom Rossio über die Rua do Carmo zur Rua Garrett, der Hauptachse des Viertels. Hinter den nach einem Großbrand 1988 wieder errichteten pombalinischen Fassaden befinden sich heute vor allem Filialen der internationalen Modeketten. Aber auch noch ein paar kleine Schätze, wie etwa der Handschuhladen Ulisses › **S. 40**.

Die **Igreja dos Mártires** **1** [F5] gehört zu den ältesten Pfarreien Lissabons: Ihre Gründung geht auf den ersten portugiesischen König Afonso Henriques aus Anlass der Stadteroberung 1147 zurück. Die Kirche wurde im Stil des Spätbarock/Neoklassizismus im 18. Jh. neu erbaut (Mo–Fr 9–19, Sa, So 10–19.30 Uhr).

SEITENBLICK

Die Poeten und der Chiado: das Café A Brasileira ★

Der Chiado war früher auch die Welt der Literaten und ihrer Cafés. Viele Straßen und Plätze tragen die Namen von Dichtern, so die Rua Almeida Garrett nach einem Romantiker des 19. Jhs. Dem Nationaldichter Luís de Camões sind das Denkmal und der baumbestandene Platz in der Blickachse der Rua Garrett gewidmet. António Ribeiro Chiado war Mönch und volkstümlicher Verseschmied des 16. Jhs.

Der Intellektuellenzirkel mit dem dekadenten Namen »Die vom Leben Besiegten« (Vencidos da Vida), dem u. a. der Romancier Eça de Queirós angehörte, versammelte sich im **Tavares**, heute ein edles Traditionsrestaurant › S. 34. Eça de Queirós umarmt auf seinem Denkmal an der Rua do Alecrim eine nackte Muse. Fernando Pessoa sitzt in Bronze gegossen vor dem berühmten Café **A Brasileira** (€€€, Rua Garrett 120, tgl. 8–2 Uhr, › **S. 38**), das zu seinen Stammlokalen zählte. **50 Dinge** ㊵ › S. 16. Für die Bohème seiner Zeit war es die zweite Wohnstube, hier diskutierte man besonders gern. Ursprünglich wurde das A Brasileira 1905 als Laden für brasilianischen Kaffee eröffnet, 1922 zum Kaffeehaus umgebaut. Wenngleich seine Glanzzeiten vorbei sind, ist es nach wie vor beliebter Treffpunkt.

Oberstadt und westliche Innenstadt Tour 3: Chiado und Bairro Alto

Karte S. 90

Shopping

Bis heute konzentrieren sich im Chiado die Buchhandlungen und Antiquariate. Im **Antiquário do Chiado** (Rua Anchieta 7, www.antiquariodochiado.com) findet man seit über einem Jahrhundert Bücher, Stiche, Karten, alte Fotografien und viele andere historische Schätze. Die **Livraria Bertrand** in der Rua Garrett 73–75 existiert seit 1732 › **S. 40**.

Museu do Chiado (MNAC) 2 [F5]

Malerei und Skulptur widmet sich das 1911 gegründete Museum, das auch als **Museu Nacional de Arte Contemporânea** (Museum für zeitgenössische Kunst) bekannt ist. Der architektonisch interessante Museumsbau musste nach dem verheerenden Brand im Chiado-Viertel (1988) neu errichtet werden, wobei alte Mauerteile einbezogen wurden. Für die Ausführung zeichnete 1994 der französische Stararchitekt Jean-Michel Wilmotte verantwortlich. Den größten Raum nehmen Wechselausstellungen mit Werken zeitgenössischer Künstler ein. Auf der Dachterrasse kann man sich in der Cafeteria stärken (Rua Serpa Pinto 4, www.museuartecontemporanea.pt, Di–So 10–18 Uhr, 4,50 €).

Teatro Nacional de São Carlos 3 [F5]

Am Largo de São Carlos steht das gleichnamige Nationaltheater. Das Opernhaus von 1793 wurde von Kaufleuten und Bankiers der Stadt finanziert. Die erstmals in Portugal verwendete klassizistische Form signalisierte den Fortschrittsgeist des

Touren in Oberstadt und westlicher Innenstadt

Tour 3

Chiado und Bairro Alto

1. Igreja dos Mártires
2. Museu do Chiado (MNAC)
3. Teatro Nacional de São Carlos
4. Igreja da Encarnação
5. Igreja de Loreto
6. Igreja do Carmo
7. Igreja de São Roque

Oberstadt und westliche Innenstadt

Tour 3 | 4

- 8 Miradouro São Pedro de Alcântara
- 9 Ascensor da Glória
- 10 Palácio Ludovice
- 11 Pavilhão Chinês
- 12 Praça do Príncipe Real
- 13 Palácio dos Carvalhos
- 14 Palácio de São Bento
- 15 Casa Museu Amália Rodrigues
- 16 Praça das Flores
- 17 Jardim Botânico
- 18 Museu Nacional de História Natural e da Ciência
- 19 Largo do Rato

Tour 4

Westlich des Zentrums

- 20 Largo de São Paulo
- 21 Ascensor da Bica
- 22 Miradouro de Santa Catarina
- 23 Conde Barão
- 24 Museu da Marioneta
- 25 Igreja Santos-o-Velho
- 26 Museu Nacional de Arte Antiga (MNAA)
- 27 Museu do Oriente
- 28 Igreja dos Marianos
- 29 Basílica da Estrela
- 30 Cemitério dos Prazeres
- 31 Casa Fernando Pessoa
- 32 Centro Comercial Amoreiras
- 33 Arpad Szenes – Vieira da Silvas
- 34 Mãe d'Água das Amoreiras

lokalen Bürgertums (Rua Serpa Pinto 9, Karten Tel. 213 253 046, http://tnsc.pt).

Largo do Chiado [F5]

Am kleinen Largo do Chiado stehen sich zwei Kirchen gegenüber: die **Igreja da Encarnação** 4 [F5] (ab 1784) mit stattlicher neobarocker Fassade und die von der italienischen Gemeinde im 16. Jh. errichtete **Igreja de Loreto** 5 [F5], die eine auffällige Eingangstreppe hat.

Die von hier aus geradewegs zum Tejo hinunterführende Rua do Alecrim, an der sich moderne Szenegeschäfte und Antiquitätenläden abwechseln, und die Rua da Misericórdia hangaufwärts zeichnen den Verlauf der früheren Stadtmauer aus dem 14. Jh. nach.

Zwischenstopp: Restaurant

Die **Cervejaria Trindade** 1 [F5] in der Rua Nova da Trindade ist das bekannteste Bierlokal Lissabons › S. 35. Im früheren Speisesaal eines beim Erdbeben von 1755 zerstörten Klosters genießt man sein Bier unter dekorativen Wänden mit großformatigen allegorischen Azulejo-Bildern aus dem 19. Jh.

Shopping
Armazéns do Chiado
Schicke Shoppinggalerie mit 54 Läden und Esslokalen. Tgl. 10–23 Uhr.
• Rua do Carmo 2
  www.armazensdochiado.com

SEITENBLICK

Fernando Pessoa

Im Stadtteil Chiado, am Largo de São Carlos Nr. 4 gegenüber der Oper, wurde am 13. Juni 1888 Fernando Pessoa geboren. In Südafrika aufgewachsen, kehrte Pessoa als junger Mann 1905 nach Lissabon zurück und verließ die Stadt niemals mehr. Am Vormittag verdiente er als Handelskorrespondent in der Baixa seinen bescheidenen Lebensunterhalt, die übrige Zeit verbrachte er in seinen Stammcafés. Die Rua dos Douradores, wo er arbeitete, gestaltete er zu seinem Mikrokosmos: »Jawohl, diese Rua dos Douradores umfasst für mich den gesamten Sinn der Dinge, die Lösung aller Rätsel …« Als Dichter verbarg er sich hinter Namensmasken, die ihm schon sein eigener Name nahelegte, denn Pessoa heißt nicht nur Person, sondern auch Maske. Jede hatte ihre eigene Biografie, der Hilfsbuchhalter Soares wie Alexander Search, für den er sogar Visitenkarten drucken ließ. Der Einzelgänger zog innerhalb Lissabons nahezu zwei Dutzend Male um, meist wohnte er in möblierten Zimmern. Als wichtigstes Möbelstück begleitete ihn seine legendäre, mit Manuskripten gefüllte Truhe, in der man nach seinem Tod 28 000 Blätter fand. Gestorben ist Pessoa 1935 mit 47 Jahren an Leberzirrhose, ganz in seinem Sinne. Im »Buch der Unruhe« heißt es: »Wenn ein Mann gut schreibt, nur wenn er betrunken ist, so sage ich ihm, er soll sich betrinken. Und wenn er mir sagt, dass seine Leber darunter leidet, dann antworte ich: Was ist schon Ihre Leber? Ein totes Ding, das nur lebt, so lange Sie leben. Doch die Gedichte, die Sie schreiben, leben ohne ›so lange‹.«

Oberstadt und westliche Innenstadt

Karte S. 90 · Tour 3: Chiado und Bairro Alto

Largo do Carmo [F5]

Wahrzeichen des Largo do Carmo sind sein beschwingter Brunnenpavillon (1796) und die gotische Kirchenruine des früheren Karmeliterklosters, die **Igreja do Carmo** 6 ★ [F5]. Mit ihrem Spitzbogenskelett ragt sie über den Abhang zur Unterstadt als letztes sichtbares Mahnmal des großen Erdbebens. **50 Dinge** 28 › S. 15. Zugleich ist sie der einzige, wenn auch nur in Teilen erhaltene Bau der Gotik in Lissabon. Im Chor ist ein Archäologisches Museum eingerichtet. Der Besuch lohnt vor allem wegen der ganz besonderen Atmosphäre (www.museuarqueologicodocarmo.pt, Mo–Sa 10–19, Okt.–Mai bis 18 Uhr, 3,50 €). An Sommerabenden finden in der Kirche stimmungsvolle Konzerte statt.

Das Kloster entstand 1389 in Erfüllung eines Gelübdes nach dem Sieg von Aljubarrota › **S. 50**. Auftraggeber war Nuno Álvares Pereira, der große Feldherr in der Entscheidungsschlacht gegen die Kastilier. Den Rest seines Lebens verbrachte er hinter den von ihm gestifteten Klostermauern.

Am **Largo Bordalo Pinheiro** ist die prächtige Azulejo-Fassade (um 1880) des Wohnhauses des bekannten Lissabonner Karikaturisten und Keramikkünstlers zu bewundern, der dem Platz seinen Namen gab. In der herrlichen Dekoration mit allegorischen Figuren versteckt sich Freimaurersymbolik, die auf die politische Gesinnung des Bauherrn verweist. In Freimaurerlogen versammelten sich im 19. Jh. die bürgerlichen Liberalen.

Malerische Ruine: Igreja do Carmo

Zwischenstopp: Restaurant

Royale Café 2 €€ [F5]

Das charmante Kaffeehaus besitzt einen netten Innenhofgarten. Kreiert werden auch ausgefallene Gerichte, u. a. vegetarisch. Sonntags gibt es Brunch.
• Largo Rafael Bordalo Pinheiro 29
Tel. 213 469 125
www.royalecafe.com | Mo–Mi 12–23, Do–Sa 12–24, So 12–20 Uhr

Igreja de São Roque 7 [F4]

Als erste Jesuitenkirche Portugals wurde die Igreja de São Roque von König Sebastião gestiftet und während der spanischen Herrschaft 1596 dem hl. Rochus geweiht. Das unter Mitwirkung des italienischen Hofbaumeisters Felipe Terzi errichtete Gotteshaus überstand das große

Tolle Aussicht vom Miradouro São Pedro de Alcântara

Erdbeben fast unbeschadet. Die flache Holzdecke im Inneren war eine Kostbarkeit, denn man musste die dafür erforderlichen langen Balken aus dem fernen Deutschland importieren.

1742 bestellte König João V., der für seine Verschwendungssucht bekannt war, in Rom die Ausstattung der Seitenkapelle São João Batista. Nur das teuerste Material durfte verwendet werden: Jade, Amethyst, Achate, Jaspis, Lapislazuli, Silber und Elfenbein. Blau-gelbe Azulejos mit Renaissancemotiven (16. Jh.) schmücken die Vorhalle und die dritte Seitenkapelle rechts. Der Kirche angeschlossen ist das **Museu de São Roque,** das Museum für sakrale Kunst (Largo Trindade Coelho, www.museu-saoroque.com, April bis Sept. Mo 14–19, Di–So 10–19, Do bis 20, sonst Mo 14–18, Di–So 10–18 Uhr, 2,50 €).

Am Miradouro São Pedro de Alcântara 8 [F4]

Ein eindrucksvoller Blick über die Stadt öffnet sich vom Miradouro São Pedro de Alcântara. Eine Azulejo-Tafel erklärt das Panorama. Von hier pendelt seit 1885 der **Ascensor da Glória** 9 [F4] zur Avenida da Liberdade. Die schrägen Kabinenwände der Standseilbahn wurden der Hanglage angepasst (Praça dos Restauradores, Mo–Do 7.15–23.55, Fr 7.15–0.25, Sa 8.45–0.25, So/Fei 9.15–23.55 Uhr). **50 Dinge** ② › S. 12.

An der Rua de São Pedro de Alcântara steht der **Palácio Ludovice** 10 [F4] (Nr. 45), den sich 1747 der deutsche Architekt Johann Friedrich Ludwig (1673–1753) als Wohnhaus baute. Ludwig, der zuvor in Italien gearbeitet hatte und sich seither Ludovice nannte, errichtete im Auftrag der portugiesischen Krone das Klosterschloss in Mafra › **S. 145**. Heute nennt sich der Pálacio Ludovice **Solar do Vinho do Porto** und beherbergt eine Probierstube des Instituts der Produzenten von Port- und Douroweinen. **50 Dinge** ⑱ › **S. 14**. Besucher können unter über 300 Sorten Port wählen, die im *cálice*, dem klassischen Portweinglas, serviert werden (Rua de São Pedro de Alcântara 45, Tel. 213 475 707, www.ivdp.pt, Mo–Fr 11–24, Sa 15 bis 24 Uhr).

Shopping
Die **Straße der Antiquitätenhändler**, die Rua de Dom Pedro V., ist kein Revier für Schnäppchenjäger. **50 Dinge** ㊼ › **S. 17**. Wer nach alten Azulejos kramt, wird sich über die Preise wundern. Die beste Auswahl bietet **Albuquerque & Sousa** (Nr.70). Umsonst sind der Schaufensterbummel und das Bewundern sehenswerter Interieurs, wie in der **Padaria São Roque**, einer Bäckerei der Belle Époque an der Ecke zur Rua da Rosa.

Nightlife
Der **Pavilhão Chinês** 11 [F4] ist eine kuriose Bar mit Nostalgienippes in einem Prachtladen des Fin de Siècle.
- Rua de Dom Pedro V. 89
  Tgl. 18–2 Uhr

Praça do Príncipe Real 12 [E4]
Auf der parkartigen Praça do Príncipe Real vertreiben sich unter dem gigantischen Schirm einer Goa-Zeder mit 25 m Durchmesser alte Herren beim Kartenspielen die Zeit. Im Gartenlokal lässt es sich angenehm entspannen. Die Praça umstehen noble Häuser aus der Mitte des 19. Jhs., darunter eine neoarabische Architekturfantasie mit Kuppeln und Zierzinnen. Park und Platz entstanden einst als Wohnquartier für den neuen Geldadel, der sich nach der Liberalisierung des Landes entwickelt hatte.

Bairro Alto 6
Über die Rua da Rosa geht es in das vielgesichtige Viertel hinein, eines der ältesten Lissabons. Die schmalen Straßen laufen ziemlich parallel den Hang hinunter, ein Hinweis darauf, dass es sich beim Bairro Alto um die erste planvolle Stadterweiterung (1513) handelt. Im Zeitalter der Entdeckungen strömten die Menschen aus allen Landesteilen in die Hauptstadt. Während der Regierungszeit von König Manuel I. (1495–1521) verdoppelte sich die Stadtbevölkerung. Das Gelände, das für den Bairro Alto parzelliert wurde, stammte aus dem Besitz des jüdischen Finanziers mehrerer Übersee-Expeditionen, Guedelha Palaçano, dessen Witwe nach Beginn der Judenvertreibung 1496 zum Verkauf gezwungen wurde. In dem neuen Stadtteil herrschte schon bald geschäftiges Treiben. Neben Wohnhäusern und Werkstätten für Handwerker etablierten sich Tavernen und Bordelle.

Heute geht es nicht weniger lebhaft zu. Fast 300 Lokale besitzt das Bairro Alto, von einfachen *tascas* über gutbürgerliche Gasthäuser bis zu Szenerestaurants, Bars, Fado-Lokalen und Diskos. Untertags spielt sich vor und hinter den blät-

Das Bairro Alto wandelt sich am Abend in ein quirliges Ausgehviertel

Lissabons ältestes Zeitungsviertel war. Bemerkenswert ist die Fassade des ehemaligen Verlagshauses der nicht mehr existierenden Zeitung **O Século** von 1913 (Rua do Século 63). Die Rua do Século durchzieht den tiefer gelegenen noblen Teil des Bairro Alto. Umgeben von Stadtvillen liegt hier die etwas heruntergekommene Familienresidenz des Markgrafen Pombal, der **Palácio dos Carvalhos** 13 **[F5]** (Rua do Século 65). Der königliche Minister hieß übrigens ursprünglich Sebastião José de Carvalho e Melo. Die Straßeneinbuchtung mit dem Wandbrunnen aus dem 18. Jh. gegenüber diente zum Wenden der Pferdekutschen.

Die hübsche Rua da Academia das Ciências führt an der Seitenfront des Palácio dos Carvalhos entlang. Der von einem Pavillon bekrönte Bogen, der seit dem 18. Jh. die Straße überwölbt, führte in die Gärten des Palastes.

ternden Fassaden das Leben der Bewohner ab. Es gibt kleine Läden für den Alltagsbedarf, Werkstätten, Druckereien, ebenso Geschäfte für Antiquitäten, Zeitgeistiges und Modedesign.

Dicht an dicht liegen die Restaurants und Kneipen im Umkreis der Rua da Atalaia und der Rua Diário de Notícias.

Fallen Sie nicht auf übertreuerte Fado-Angebote herein, mit denen Schlepper auf der Straße Gäste anlocken wollen! 50 Dinge 46 › **S. 17.**

Die **Rua Diário de Notícias** trägt den Namen der hier gegründeten, bis heute bedeutendsten Tageszeitung Portugals. Auch die **Rua do Século** erinnert daran, dass das Bairro Alto

Zwischenstopp: Restaurant
Cantinho da Paz 3 €€ **[E5]**
Indische Küche aus Goa; manchmal Livemusik.
• Rua da Paz 4 | Tel. 213 969 698

Shopping
Galeria Ratton [F4]
Fliesen nach Entwürfen moderner Künstler werden in den ehemaligen Pferdeställen des Palácio dos Carvalhos verkauft. Mo–Fr 10–13.30 und 15 bis 19.30 Uhr.
• Rua da Academia das Ciências 2-C
Tel. 213 460 948
www.galeriaratton.blogspot.com

São Bento

Über die Travessa da Arrochela geht es hinunter nach São Bento. Hier durchquert man ein Ensemble sanierter volkstümlicher Häuser aus dem 16. bis 18. Jh., zwischen denen enge Gassen und Treppensteige verlaufen. Früher musste sich der Gebäudekomplex zwischen zwei große Klosteranlagen der Franziskaner und Benediktiner zwängen. An Stelle des Convento de São Bento (Benediktinerkonvent) thront heute der **Palácio de São Bento** 14 [E4/5], in dem das Parlament untergebracht ist. Das Kloster wurde schon im Jahr seiner Auflösung 1834 zur ersten Abgeordnetenkammer der liberalen Monarchie umfunktioniert. Nach einem Brand 1895 entschloss man sich zum vollständigen Neubau des Parlamentsgebäudes, der 1933 abgeschlossen war (Rua de São Bento, www.parlamento.pt).

Rückseitig in der großen Parkanlage befindet sich der offizielle Wohnsitz des portugiesischen Premierministers im ehemaligen Palácio Sotto Mayor.

Die verkehrsreiche Rua de São Bento wurde nach dem Erdbeben im Zuge der Stadtentwicklung nach Westen angelegt. Die Häuser entstammen dem 18. Jh., vielen ist anzusehen, dass sie unter Minister Pombal entworfen wurden › S. 85. Der attraktivste Abschnitt mit netten Restaurants und Kneipen verläuft gegenüber dem Parlament.

Nicht weit vom Parlament lebte die Fado-Königin des 20. Jhs.: Amália Rodrigues (1920–1999). Ihr Haus wird inzwischen von einer Stiftung verwaltet und kann als **Casa Museu Amália Rodrigues** 15 [E5] im Rahmen von mehrsprachigen Führungen (Portugiesisch, Englisch und Französisch, 20 Min.) besichtigt werden. Ehrenbezeugungen von Fans füllen heute die Privatgemächer der Sängerin (Rua de São Bento 193, www.amaliarodrigues.pt, Di–So 10–13, 14–18 Uhr, 5 €).

Praça das Flores 16 [E4]

Aufgeräumt wirkt die Praça das Flores: ein schattiges Idyll mit Cafés, Brunnen und Bäumen. Hier sind renommierte Restaurants der oberen Preisklasse zu finden. Die Gegend gilt als tolerantes Schwulen- und Lesbenviertel.

Blick auf das Parlamentsgebäude

Oberstadt und westliche Innenstadt — Tour 3: Chiado und Bairro Alto

Grüne Oase mit exotischer Flora: der Botanische Garten

Zwischenstopp: Restaurant
Comida de Santo ❹ €€ [E4]
Eines der besten brasilianischen Restaurants der Stadt
- Calçada Engenheiro Miguel Pais 39
  Tel. 213 963 339
  www.comidadesanto.pt
  Mi–Mo 12.30–15.30, 19.30–24 Uhr

Jardim Botânico 17 [E/F4]
Zu einer Pause lädt ❗ die exotische Oase des Jardim Botânico ein. Der am Hang gelegene Park mit stillen Wegen und kleinen Teichen wurde 1840 als Lehrgarten für Botaniker und Agronomen geschaffen. **50 Dinge** ㉖ › S. 15. Beeindruckend sind die Palmenallee mit 35 Arten sowie gewaltige Drachenbäume, aus Indien stammende Banyanbäume und ein 30 m hoher, am Stamm mit Stacheln besetzter Brasilianischer Kapokbaum (Rua da Escola Politécnica 56, www.museus.ulisboa.pt, Mo bis Fr 9–17, Sa, So 9–18, im Sommer tgl. 9–20 Uhr, 2 €).

Die **Escola Politécnica** neben dem Botanischen Garten geht auf ein Jesuitenkolleg zurück, das Minister Pombal 1759 auflöste, um daraus eine weltliche Schule für den männlichen Nachwuchs des Adels zu machen. Heute gehört der Komplex zur Universität. Sehenswert ist die naturkundliche und naturwissenschaftliche Sammlung des Polytechnikums, das 1837 nach der liberalen Revolution das aristokratische Institut ersetzte. Öffentlich zugänglich ist diese als **Museu Nacional de História Natural e da Ciência** 18 [E4] › S. 29 mit einer geologisch-mineralogischen (Museu Mineralógico e Geológico) und einer zoologisch-anthropologischen Abteilung (Museu Bocage) (Rua da Escola Politécnica 56, www.museus.ulisboa.pt, Di bia Fr 10–17, Sa, So 11–18 Uhr, 5 €).

Tour 4: Westlich des Zentrums

Oberstadt und westliche Innenstadt

Largo do Rato 19 [E3/4]

Auf dem Weg zum Largo do Rato hinunter ebenso wie in der anderen Richtung zur Praça do Príncipe Real › S. 95 hin säumen schöne historische Fassaden die Rua da Escola Politécnica. Angrenzend an den barocken **Palácio Seia** (Hausnr. 147) ist die Staatsdruckerei **Imprensa Nacional-Casa da Moeda** eine Gründung aus pombalinischer Zeit. Auch eine Seidenfabrik wurde hier unter Pombal eingerichtet.

Der Largo do Rato selbst ist Schnittpunkt von neun Straßen, die in unregelmäßiger Sternform auf ihn zustreben. Hier stand einst die berühmteste Manufaktur der Pombal-Ära, die Fábrica de Louça do Rato. Aus dieser staatlichen Keramikfabrik stammen u. a. die zartfarbigen Rokokofliesen im Park von Queluz › **S. 144**.

Der Rato wird vom großen Block eines ehemaligen Adelspalasts im Norden beherrscht, heute Sitz der Sozialistischen Partei PS. Das imponierendste Gebäude ist aber der **Convento do Rato,** das ehemalige Kloster der Trinitariernonnen (1721) auf der Westseite, nach dem der Platz benannt ist. Es ging 1874 in Staatsbesitz über.

Die Südseite des Platzes schmücken die Art-déco-Fassade der Papelaria Fernandes und die Jugendstilfassade (Eingang) der Pastelaria Mil e Oitocentos (»1800«). Den monumentalen Wandbrunnen an der Platzecke, **Chafariz do Rato** (1794), der über zwei Ebenen verfügt, entwarf der Baixa-Architekt Carlos Mardel.

Westlich des Zentrums

Verlauf: Cais do Sodré › São Paulo › Museu Nacional de Arte Antiga › Cemitério dos Prazeres › Amoreiras › Largo do Rato

Karte: Seite 90
Dauer: ca. 5 Std.
Praktische Hinweise:
- Am Cais do Sodré halten Bahnen und die Metro.
- Zurück geht es von der Station Ⓜ Rato.
- Wer vom vielen Auf und Ab in Lissabon müde Füße hat, kann den Eléctrico Nr. 25 nehmen, um in den Westteil der Innenstadt zu gelangen. Von der Praça do Comércio mit Zustiegsmöglichkeit oberhalb des Cais do Sodré fährt die Bahn zur Basílica da Estrela und zum Cemitério dos Prazeres, allerdings nicht am Wochenende. Die Alternative ist dann die Straßenbahnlinie 28 ab Praça da Conceição.
- Unterwegs lohnen sich immer wieder Abstecher zu Fuß, um charakteristische Ecken wie das vornehme Viertel Lapa und das volktümliche Madragoa kennenzulernen oder das Museu Nacional de Arte Antiga zu besuchen.
- Vom Friedhof gelangt man mit dem Eléctrico Nr. 28 zurück ins Zentrum oder setzt die Rundfahrt mit dem Bus Nr. 774 fort, über das Shoppingparadies Centro Comercial Amoreiras (evtl. Einkaufsstopp) hinunter zum Largo do Rato.

Tour-Start: São Paulo

Die Tram Nr. 25 fährt zunächst durch die Rua de São Paulo, die alte Verbindungsstraße in den Westen der Stadt. Der Uferbereich mit Bahnlinie und der Avenida 24 de Julho wurde erst Ende des 19. Jhs. aufgeschüttet. Der **Largo de São Paulo** 20 [F5] mit der gleichnamigen Kirche bezeichnet ein Geviert der Pombalzeit mit Brunnen und Pflasterornamentik.

»Sankt Pauli« ist auch in Lissabon eine Gegend zwielichtiger Hafenkneipen. Vor 200 Jahren zählte man nicht weniger als 87 Tavernen. In den letzten Jahren haben sich hier zahlreiche Szenebars etabliert und die Rotlichtkneipen verdrängt.

Zwischenstopp: Restaurant
Storik 5 €€ [F5]
Variationen vom Flammkuchen, für Lissabon ein exotischer Genuss. Minimalistische Einrichtung.
- Rua do Alecrim 30 | Tel. 216 040 375 www.storik.pt | Di–Do 13–17, 18.30 bis 23, Fr, Sa bis 0.30, So bis 22.30 Uhr

Bica

Ein Torbogen auf der rechten Seite der Rua de São Paulo führt zur Talstation des **Ascensor da Bica** 21 [F5] aus dem Jahr 1892 (Rua de São Paulo 234, Mo–Sa 7–21, So, Fei 9–21 Uhr). ❗ Die Standseilbahn fährt durch das steil am Hang gelegene Stadtviertel Bica, an Häusern entlang, die teils noch aus dem 17. Jh. stammen. Die Bica wurde nach dem Erdbeben von 1531 als Wohngebiet für Seeleute und Fischer angelegt. Sie ist ein unverfälschtes Lissaboner Volksquartier mit einfachen Lokalen in der Rua da Bica und der Querstraße Rua Marechal Sequeira.

Zwischenstopp: Restaurant
Os Bons Malandros 6 €€ [F5]
Der angesagte Gastropub serviert bis spät in die Nacht aufwendig zubereitete *petiscos*, es gibt hervorragende Weine und Craft-Biere. **50 Dinge** 19 › S. 14.
- Rua da Bica de Duarte Belo 51 Tel. 962 909 572 Mo–Mi 18.30–1, Do–Sa 18.30–2 Uhr

Miradouro de Santa Catarina 22 [F5]

Oben führt die Rua de Santa Catarina zum gleichnamigen Miradouro, von dessen Terrassencafé man den Fluss und vorbeiziehende Schiffe sieht. »Vê passar navios« – »der schaut den Schiffen nach« – sagt man in Lissabon von jemandem, der versunken vor sich hinträumt. Auf der Aussichtsterrasse steht der steinerne Koloss des sagenhaften Riesen Adamastor, welcher laut Camões die Seefahrer am Kap der Guten Hoffnung bedrohte. Auch der angrenzende Alto de Santa Catarina ist ein charakteristisches altes Wohnquartier.

Zwischenstopp: Restaurant
Pharmacia-Chef Felicidade 7 €€ [F5]
In dem repräsentativen Palast der Apothekervereinigung befindet sich nicht nur ein sehenswertes Museum (Museu da Farmácia), sondern auch ein kreatives Restaurant mit »medizinischen« Details und loungiger Aussichtsterrasse.
- Rua Marechal Saldanha 2 Tel. 213 462 146

Tour 4: Westlich des Zentrums — **Oberstadt und westliche Innenstadt**

Beliebter Treff und Aussichtspunkt beim Adamastor: der Miradouro de Santa Catarina

www.chef-felicidade.pt
Tgl. 12.30–1 Uhr

Conde Barão 23 [E5]

Über die Rua de Santa Catarina/Rua Fernando Tomás gelangt man hinunter zum Largo do Conde Barão und zur Straßenbahn. Die Gegend war im 19. Jh. ein Industriegebiet. Aus dieser Epoche stammt die **Fábrica Vulcano e Colares** (Largo do Conde Barão 13–14), die jetzt als Industriedenkmal unter Schutz steht. Der Name der Rua do Poço dos Negros (»Negerbrunnen«), durch die der Eléctrico Nr. 28 ächzt, erinnert an die schwarzen Sklaven, die hier einst wohnten. Heute sind es vorwiegend Einwanderer von den Kapverden, die in dem dringend sanierungsbedürftigen Quartier leben.

Madragoa

Der Eléctrico Nr. 25 quert die Avenida Dom Carlos I, die Ende des 19. Jhs. als Verbindungsstraße zwischen Tejo und Parlament › S. 97 eröffnet wurde, und zuckelt hinunter zum Largo dos Santos, der an die Uferstraße grenzt. Madragoa ist ein altes Volksviertel, das in den Gassen oberhalb der Rua da Esperança, die an dem spätbarocken Wandbrunnen der Avenida Dom Carlos I beginnt, am authentischsten ist. Tolle Azulejos zieren hier die meisten der kleinen Häuser. **50 Dinge** 32 › S. 16.

Die Gassen von Madragoa waren die Heimat der *varinas,* der Fischverkäuferinnen, die auch noch in den 1970er-Jahren zum vertrauten Stadtbild gehörten. Sie liefen allmorgendlich unter geräuschvollem Anpreisen ihrer Ware, die sie in Körben auf dem Kopf balancierten, vom Hafen in die Stadt.

Viele Straßen von Madragoa erinnern an Klöster, die sich hier befanden: Esperança, Trinas, Isabéis, das Madres. Auch der Name des Stadtteils leitet sich wohl vom Kloster der »Madres de Goa« her.

Im ehemaligen Convento das Bernardas aus dem 17. Jh. hat das **Museu da Marioneta** 24 **[E5]** schöne Räume gefunden. Es vermittelt einen weltweiten Überblick über das Marionettentheater (Rua da Esperança 146, www.museudamarioneta.pt, Di–So 10–18 Uhr, 5 €).

Die rosafarbene **Igreja Santos-o-Velho** 25 **[D5]** ist drei römischen Märtyrern gewidmet, die hier im Jahr 307 den Tod fanden (Rua Santos-o-Velho 15). An der Stelle des früheren Klosters steht der Palácio dos Marqueses de Abrantes, in dem die Französische Botschaft residiert.

Zwischenstopp: Restaurants
In Madragoa gibt es einige gute Restaurants, die auch die Abgeordneten des nahen Parlaments zu schätzen wissen.

Varina da Madragoa 8 €€ **[E5]**
Das kleine, etwas schummrige Restaurant erlangte Berühmtheit durch den Literatur-Nobelpreisträger José Saramago, der hier regelmäßig zu speisen pflegte. Spezialität ist Stockfisch *(bacalhau)* in vielerlei Variationen.
• Rua das Madres 34–36
  Tel. 213 965 533
  Sa mittags, Mo geschl.

Picanha 9 €€€ **[D5]**
Das sympathische kleine Lokal lädt zu einer kulinarischen Reise durch Brasilien ein. **50 Dinge** 17 › S. 14.
• Rua das Janelas Verdes 96
  Tel. 214 975 401 | Di–Sa 12.30–15.30, 20–23, So 12.30–15.30 Uhr

Museu Nacional de Arte Antiga 26 ⭐ [D5]
Das ❗ sehenswerte Nationalmuseum der Alten Kunst (MNAA) gibt einen Überblick über die Tafelmalerei der Entdeckungsfahrzeit (15./16. Jh.): flämisch beeinflusste Altartafeln von Meistern wie Frey Carlos, Vasco Fernandez (Grão Vasco) und Gregorio Lopes.

Das überragende Werk dieser Epoche wird dem Hofmaler von Afonso V., Nuno Gonçalves, zugeschrieben: die Tafelbilder des **Vinzenz-Altars** aus der Kirche São Vicente de Fora. **50 Dinge** 21 › S. 14. Wahrscheinlich wurde das sechsteilige Altarbild zwischen 1470 und 1480 ursprünglich für die Kathe-

Der mehrteilige Vinzenz-Altar aus dem 15. Jh. im Nationalmuseum

Tour 4: Westlich des Zentrums — **Oberstadt und westliche Innenstadt**

drale gemalt. Die monumentalen Figuren stellen Mitglieder der königlichen Familie sowie geistliche und weltliche Würdenträger auffällig realistisch dar. Bei dem schlanken Mann mit dem Krempenhut zur Rechten des hl. Vinzenz soll es sich um Heinrich den Seefahrer handeln. Ein weiterer Höhepunkt ist das Triptychon mit der **Versuchung des hl. Antonius** von Hieronymus Bosch (um 1500).

Außergewöhnlich sind ferner die um 1600 entstandenen japanischen Namban-Wandschirme. Die portugiesischen Kaufleute sind darauf als Exoten aus einer fremden Welt dargestellt. *Namban-jin,* »Barbaren aus dem Süden«, nannten die Japaner die Portugiesen, die 1543 als erste Besucher aus dem fernen Westen mit dem Inselreich in Berührung kamen und als einzige Ausländer dort eine Handels- und Missionsstation errichteten.

Die vielfältigen Stücke überreich dekorierten barocken Tafelsilbers stammen aus königlichem Besitz, gefertigt in Paris. Das indoportugiesische Mobiliar in bizarren Mischstilen wurde in Goa eigens für den Export nach Portugal hergestellt (Rua das Janelas Verdes, www.museudearteantiga.pt, Di–So 10–18 Uhr, 6 €). Zum Museum gehört ein hübscher Garten mit Tejo-Blick und Terrassenlokal.

Museu do Oriente 27 [C6]

Lohnend ist ein Abstecher zum 2008 eröffneten Orientmuseum. Es ist in einem typischen Hafengebäude von 1939 am Doca de Alcântara untergebracht, in dem früher Fisch gehandelt wurde. Exotische Exponate dokumentieren auf sechs Stockwerken in Dauer- und Wechselausstellungen die portugiesische Präsenz in Asien in den vergangenen Jahrhunderten und die kulturelle Wechselwirkung mit Ländern wie Indien, Sri Lanka oder Japan. Das Museum schlägt eine Brücke zwischen Geschichte, Anthropologie und Kunst. Unter den künstlerischen Exponaten ragt die Sammlung von Gemälden »orientalischer« Meister, vorwiegend aus Goa, heraus. (Avenida Brasília, www.museudooriente.pt, Di–So 10–18, Fr bis 22 Uhr, 6 €). Das Museum verfügt über ein Restaurant, ein Café und einen schönen Museumsladen **50 Dinge 38 › S. 16.**

Lapa

Gegenüber dem Museu Nacional de Arte Antiga kann man an dem schönen Ensemble aus Wandbrunnen (1775), Treppenanlage und der Fassade der **Igreja dos Marianos** 28 [D5] (Rua das Janelas Verdes 32) vorbei den Hang zum Stadtviertel Lapa hinaufsteigen.

Vor dem Erdbeben von 1755 hieß der Hügel zwischen Madragoa und Lapa noch Mocambo und war ein Wohnviertel der schwarzen Sklaven. Nach dem Erdbeben entdeckte die britische Kolonie den Hügel als schöne Wohngegend mit Tejo-Blick für sich. Portugiesischer Adel und Großbürgertum folgten. Seither ist der Stadtteil Lapa eine feine Gegend mit großzügigen und stattlichen Gartenpalästen, in denen sich viele ausländische Botschaften niedergelassen haben.

Weiter streift man durch die Rua do Sacramento á Lapa zur Rua de São Domingos á Lapa, wo man wieder auf die Gleise des Eléctrico stößt und durch die Rua Buenos Aires nach Estrela hinauffahren kann. Diese war früher die Straße mit der schönsten Aussicht.

Zwischenstopp: Restaurant
Clube de Jornalistas ❿ €€ [D5]
Das Restaurant des Journalistenvereins bietet ein besonderes Ambiente. Serviert wird Autorenküche mit brasilianischem Einschlag von Iván Águilar Fernándes. Die romantische Esplanada zählt zu den schönsten der Stadt. Reservieren!

- Rua das Trinas 129 | Tel. 213 977 138 www.restauranteclubedejornalistas. com | Mo–Sa 12.30–14.30, 19.30–22.30 Uhr

Basílica da Estrela 29 [D4]

Bis zu den geschweiften Hauben hinauf besteht die doppeltürmige Kirche mit der schlanken, hohen Kuppel ganz aus dem weißem Kalkstein aus Alcântara, dem vornehmsten Baumaterial Lissabons. Sie wurde von Königin Maria I., der Wahnsinnigen, als Votivkirche zur Geburt des Thronfolgers 1760 gestiftet. Sie ist die letzte bauliche Demonstration des Ancien Régime in Lissabon, geweiht 1789. Der Thronfolger war ein Jahr zuvor mit 27 Jahren an Pocken gestorben.

Die Königin, die bei ihrem Regierungsantritt 1777 den Reformer Pombal entmachtet und Adel sowie Klerus seine privilegierten Machtpositionen zurückgegeben hatte, zweigte für die Kirche Gelder ab, die eigentlich für den Wiederaufbau Lissabons gedacht waren. Dieser war damals erst zur Hälfte realisiert. Zur selben Zeit beklagten Besucher den Schmutz in den Straßen und das Heer der Armen.

Die Basílica da Estrela steht stilistisch in der Nachfolge der Klosterkirche von Mafra › **S. 145**. Baumeister waren Mateus Vicente und Reinaldo Manuel, Schüler des Mafra-Baumeisters Ludovice. Der Außenbau strahlt eine frühklassizistische Kühle aus. Der Innenraum aus taubengrauem und rosafarbenem Marmor ist ein klassischer Tonnensaal mit Seitenkapellen,

Die Basílica da Estrela, geweiht 1789, erstrahlt in marmornem Weiß

Querschiff und Kuppel über der Vierung. Dort ruht Maria I. in einem schwarzen Marmorsarkophag. Von der Kuppel *(zimbório)* aus hat man einen schönen Rundblick (Praça da Estrela, tgl. 8–20 Uhr, Kirche frei, Kuppel 4 €).

Gegenüber liegt der Eingang in den **Jardim da Estrela,** angelegt als exklusive Promenade für höhere Stände, heute ❗ ein Volksgarten mit Teichen, Statuen und Cafeterias unter Baumriesen aus Afrika, Indien und Brasilien. Der Musikpavillon (1850) wurde nach dem Abriss des Passeio Público › **S. 112** in den Park versetzt (Praça da Estrela, tgl. 7–24 Uhr).

Cemitério dos Prazeres 30 [C4]

Die Eléctricos 25 und 28 rattern von der Basílica da Estrela zur Endhaltestelle Prazeres am gleichnamigen Friedhof, vorbei an der Kirche Santo Condestável (1951), einer Art Gotik-Revival mit Glasfenstern von José Almada Negreiros, dem Vorzeigekünstler der Salazarzeit. Der 11 ha große Westfriedhof von Lissabon, ab 1834 angelegt, ist eine Sehenswürdigkeit. Steinerne Grabhäuser zwischen hohen Zypressen bilden eine weiße Miniaturstadt. Die stille Atmosphäre des Friedhofs hoch über der Stadt mit weitem Panoramablick hat etwas Unwirkliches. Anfang des 19. Jhs. befand sich hier ein beliebter Ausflugsort der Stadtbewohner, die auch noch nach Einrichtung des Friedhofs fröhlich picknickten, bis die Behörden sie schließlich vertrieben (Praça

Einer Miniaturstadt gleicht der Cemitério dos Prazeres

São João Bosco, Mai–Sept. 9–18, sonst bis 17 Uhr).

Campo de Ourique

Zwischen der Rua Saraiva de Carvalho, die zum Cemitério dos Prazeres führt, und der baumbestandenen Rua Ferreira Borges erstreckt sich das Schachbrett von Campo de Ourique, einem der lebendigsten bürgerlichen Wohnviertel der Innenstadt, das Ende des 19. Jhs. entstand. Dort wohnen bevorzugt Maler, Schriftsteller, Musiker und Journalisten. Es gibt schöne Geschäfte und den **Mercado de Campo de Ourique,** ❗ eine zur Event-Gastronomie umgestaltete Markthalle › **S. 40**. Das grüne Herz bildet der **Jardim de Campo de Ourique.**

Oberstadt und westliche Innenstadt Tour 4: Westlich des Zentrums

Karte S. 90

Die **Casa Fernando Pessoa** 31 [D4], wo der Dichter vor seinem Tod am 30. November 1935 lebte, ist heute Literaturhaus mit Bibliothek, Galerie und hübschem Restaurant. Pessoas Wohnräume sind zu besichtigen (Rua Coelho da Rocha 16, Tel. 213 913 270, http://casafernandopessoa.cm-lisboa.pt, Mo–Sa 10–18 Uhr, 3 €, Führungen auch auf Engl.).

An der Ecke Rua Ferreira Borges/Saraiva de Carvalho ist die **Konditorei A Tentadora** eine Institution. Das Café mit schöner Jugendstilfassade dient als traditioneller Treffpunkt des Quartiers.

Zwischenstopp: Restaurant
Stop do Bairro 11 €€ [C4]
Eine kleine Tasca der alten Schule, abends wird's eng. Hervorragender Seeteufelreis *(Arroz de Tamboril)*.
- Rua Tenente Ferreira Durão 55
  Tel. 213 888 856 | Di–So 12–23 Uhr

Shopping
Panificação Mecânica
Nicht nur mit Brot, Kuchen und feinem Kaffee lockt die Bäckerei/Konditorei, sondern auch mit Jugendstil-Azulejos von Rafael Bordalo Pinheiro › S. 93.
- Rua Silva Carvalho 209
  http://panificacaomecanica.pt

Amoreiras

Weiter geht es zu Fuß oder mit dem Bus Nr. 774 durch die Rua do Campo de Ourique. Über die Rua Dom João V. nähert man sich dem **Centro Comercial Amoreiras** 32 [D3], dessen 1983 im Stil der Postmoderne errichteten Türme ein Wahrzeichen des neuen Lissabon sind. Das Konsumparadies wartet mit Hunderten von verschiedenen Läden, Restaurants und Kino auf (Avenida Eng. Duarte Pacheco, www.amoreiras.com, tgl. 10–23 Uhr).

Weiter geht es auf der Rua das Amoreiras durch einen monumentalen Torbogen zum **Jardim das Amoreiras**. Maulbeerbäume *(amoreiras)* wurden hier im 18. Jh. als Futterpflanzen für Seidenraupen kultiviert, denn 1759 entstand anlässlich des Reformprogramms von Minister Pombal ein erstes Industrieviertel u. a. mit Manufakturen zur Seidenherstellung.

In einem pombalinischen Gebäude, das zur **Fábrica das Sedas** (Seidenfabrik) gehörte, befindet sich an der Rückseite des Parks seit 1994 die Museumsstiftung **Arpad Szenes – Vieira da Silva** 33 [E3], die der Malerei der bekanntesten modernen Künstlerin Portugals und ihres Mannes gewidmet ist › S. 60 (Praça das Amoreiras 56, www.fasvs.pt, Di–So 10–18 Uhr).

In der Nähe des **Largo do Rato** › S. 99, wo die Tour endet, fällt der Steinkubus der **Mãe d'Água das Amoreiras** 34 [D3] auf, des Wasserschlosses der Águas Livres (Teil des Museu da Água, Praça das Amoreiras 10, www.epal.pt). In dieses münden die letzten Bögen der großen Wasserleitung › S. 107. 1880 wurde mit dem Wasserpumpwerk Barbadinhos (heute ebenfalls Museu da Água) im Osten der Stadt zum ersten Mal Wasser direkt in die Häuser geleitet. Das Reservoir ist heute ein Industriedenkmal (Ausstellungen, Führungen) › S. 129.

Águas Livres **SPECIAL**

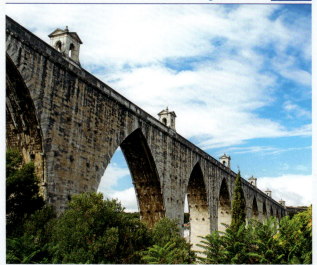

SPECIAL

Águas Livres

Die Wasserleitung, die 1732 aus dem 20 km entfernten Belas nach Lissabon geführt wurde, stellte die technische Meisterleistung des 18. Jhs. dar. Sie beendete den damals chronischen Wassermangel der Stadt. Konstruiert hatte man eine reine Gefälleleitung in antikrömischer Tradition. Ihr Wahrzeichen ist der große **Aqueduto de Águas Livres**, der das Alcântara-Tal vom Alto do Monsanto › **S. 133** bis zur Innenstadt auf einer Länge von 941 m überbrückt. Das Bauwerk mit 21 Rund- und 14 Spitzbögen, deren größter 65 m hoch und 24 m breit ist, wurde erst wenige Jahre vor dem großen Erdbeben von 1755 fertiggestellt. Wie durch ein Wunder überstand der Aquädukt die Katastrophe fast unbeschadet.

Bezahlt wurde die Wasserleitung nicht aus der königlichen Schatulle wie der Klosterpalast in Mafra, die königliche Sommerresidenz in Queluz oder das Dekor diverser Kirchen. Man finanzierte sie mit einer auf Wein, Fleisch und Olivenöl erhobenen Lebensmittelsteuer.

Die Endpunkte der Águas Livres bildeten öffentliche Brunnen, von denen das köstliche Nass durch Wasserträger in die Privathaushalte geliefert wurde. Die *agueiros*, die meist aus Galicien stammten und Baskenmützen und Cordhosen trugen, waren charakteristisch für das Straßenbild wie viele andere Vertreter ambulanter Gewerbe: Zeitungsjungen, Schirmflicker, Katzenkastrierer u. a. Die Schuhputzer und Losverkäufer gibt es immer noch.

AVENIDAS

Kleine Inspiration

- **In der schönen Casa do Alentejo** ein typisches Alentejo-Gericht wie Carne de porco à alentejana bestellen › S. 110
- **Mit der ältesten Standseilbahn** der Stadt, dem Ascensor do Lavra, zum Jardim do Torel hinauffahren und dort die herrliche Aussicht und die angenehme Stille im Park auf sich wirken lassen › S. 110, 112
- **Die hochkarätige Sammlung** des Museu Calouste Gulbenkian anschauen › S. 114
- **Im Parque Eduardo VII.** die Gewächshäuser besuchen und den Blick hinunter zum Tejo schweifen lassen › S. 114
- **In der Pastelaria Versailles,** einem feinen Kaffeehaus von 1922, das vornehme Ambiente und den Kuchen genießen › S. 116

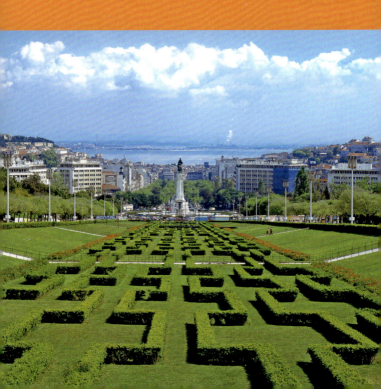

Karte S. 111

Tour 5 | 6 **Avenidas**

Jugendstil-Flanierallee Avenida da Liberdade und Kunst im Gulbenkian-Museum. Für Architekturfans die Avenidas Novas zwischen Historismus und Postmoderne.

Mit der nach Norden führenden Avenida da Liberdade, einer fast 1,3 km langen und 90 m breiten Prachtmeile, sprengte Lissabon Ende des 19. Jhs. seine Grenzen. Obwohl in den vergangenen Jahren unzählige Bürgerhäuser aus dieser Zeit abgerissen wurden, um gesichtslosen Büroklötzen Platz zu machen, ist die Allee immer noch der repräsentativste Boulevard der Stadt. Ihre optische Fortsetzung ist die Grünanlage des Parque Eduardo VII. mit exotischen Gewächshäusern und einem grandiosen Blick hinunter zum Tejo. Von hier ist es nicht weit bis zum größten und schönsten Kunstmuseum der Stadt, der Sammlung des Ölmagnaten Calouste Gulbenkian.

Bei der Tour entlang der Avenidas Novas können sich Architekturinteressierte von der Stadtentwicklung und dem Stilmix des 20. Jhs. zwischen Historismus und Postmoderne ein Bild machen.

Touren entlang der Avenidas

 Avenida da Liberdade (Tour 5)

Verlauf: Praça dos Restauradores › Rua das Portas de Santo Antão › Campo dos Mártires da Pátria › Parque Mayer › Parque Eduardo VII. › Museu Calouste Gulbenkian

Karte: Seite 111
Dauer: 4–5 Std.
Praktische Hinweise:
- Die Anfahrt erfolgt per Bahn (Estação Ferroviária do Rossio) oder bis Ⓜ Restauradores.
- Zurück geht es ab Ⓜ São Sebastião.

Tour-Start: **Praça dos Restauradores**

An der Praça dos Restauradores befindet sich die 1887 als Zentralbahnhof der Stadt errichtete **Estação Ferroviária do Rossio** **1** [F4] mit ihrer bombastischen neomanuelinischen Fassade (Rua 1° de Dezembro). Vom selben Architekten entworfen wurde – trotz des völlig unterschiedlichen Stils – das luxuriöse Bahnhofshotel nebenan, das **Avenida Palace** von 1892 › **S. 31**. Die beiden Repräsentativbauten gehörten zu den ersten, die Weltstadtflair in die Stadt brachten. Als Thomas

Parque Eduardo VII. mit Blick auf die Statue des Marquês de Pombal

Avenidas Tour 5: Avenida da Liberdade

Karte S. 111

Mann im Avenida Palace wohnte, blickte er noch auf Grün. Damals stand der Obelisk, der die heute kahle Praça dos Restauradores ziert, in einer Anlage mit Baumreihen und breiten Blumenrabatten. Er feiert die Restauration des portugiesischen Königreichs nach 60 Jahren spanischer Fremdherrschaft (1580 bis 1640).

Rua das Portas de Santo Antão

Ein Haupttor in der ehemaligen Stadtmauer ist Taufpate der Straße, die heute eine lebhafte »Fressgasse« und Fußgängerzone ist. Auf jeden Fall lohnt ein Blick in die **Casa do Alentejo** 2 [F4], das Haus der alentejanischen Landsmannschaft, mit seinem schönen neomaurischen Innenhof. ! Unter den großflächigen Azulejo-Bildern wird man dort in mehreren Speisesälen zünftig bewirtet › S. 36.

Als Zirkus entstand 1888 das **Coliseu dos Recreios** (Nr. 92–104). Die aus Glas und Eisen zusammengesetzte Kuppel importierte man eigens aus Berlin. Heute ist das Coliseu die schönste Vielzweckbühne der Stadt › S. 63. Ein Teil des Baukomplexes beherbergt das **Museu da Sociedade de Geografia de Lisboa**. Der große Festsaal (Sala de Portugal) der 1875 gegründeten Geographischen Gesellschaft mit seinen umlaufenden Galerien ist ein einzigartiges Beispiel der Eisenarchitektur des 19. Jhs. Gezeigt werden vor allem völkerkundliche Objekte aus den einstigen portugiesischen Kolonien in Afrika und Asien (Rua das Portas de Santo Antão 100, Besichtigung 1. Di im Monat, 15 Uhr nach Anmeldung: Tel. 213 425 401 oder geral@socgeografialisboa.pt, spätestens am Vortag, www.socgeografialisboa.pt, Eintritt frei).

Campo dos Mártires da Pátria

Die Rua das Portas de Santo Antão verläuft am Fuß eines steilen Hügels, der wie ein Schiffsbug über die Baixa ragt. ! Ihn erklimmt eine Standseilbahn von 1884, der **Ascensor do Lavra** 3 [F4] (Largo da Anunciada, Mo–Fr 7.50–19.55, Sa, So, Fei 9–19.55 Uhr). Von der Bergstation sind es nur wenige Schritte zum **Pátio do Torel,** einer begrünten Wohnanlage des romantischen Lis-

Beliebter Treffpunkt: die Casa do Alentejo

Tour 5 **Avenidas**

Tour entlang der Avenida da Liberdade

Tour 5
Avenida da Liberdade
1. Estação Ferroviária do Rossio
2. Casa do Alentejo
3. Ascensor do Lavra
4. Jardim do Torel
5. Campo dos Mártires da Pátria
6. Hospital de São José
7. Quiosque do Tivoli
8. Parque Mayer
9. Estufa Fria
10. Pavilhão dos Desportos
11. Museu Calouste Gulbenkian

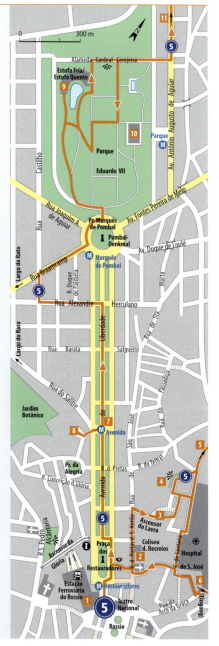

sabon, die Mitte des 19. Jhs. entstand. Hier gruppieren sich großbürgerliche Villen um den stillen, schattigen Terrassenpark **Jardim do Torel** 4 [F4] ❗ mit Blick über die Avenida da Liberdade zum Bairro Alto.

Die Rua Júlio Andrade führt hinauf zum **Campo dos Mártires da Patria** 5 [F3] auf dem Hügelkamm. Den Platz säumen auf der Westseite vornehm zurückhaltende Fassaden, darunter diejenigen der Deutschen Botschaft (Nr. 38) und des Goethe-Instituts (Instituto Alemão) nebenan, wo man in der Cafeteria eine Besichtigungspause einlegen kann.

Im 19. Jh., als der Platz nach einem beim Erdbeben verwüsteten Kloster noch Campo de Sant'Ana hieß, war er ein ländliches Pendant zum Rossio mit buntem Volksleben, Märkten und Stierkampfarena, die 1891 an den Campo Pequeno › S. 116 verlegt wurde. Umbenannt wurde er zum Gedenken an die patriotischen Widerstandskämpfer gegen die englische Besatzung, die hier 1817 am Galgen endeten.

Das Südende des Platzes markiert die **Faculdade de Ciências Médicas** (Fakultät der Medizinwissenschaften) mit ihrer palastartigen Säulenfassade (1905). Ein Denkmal davor ist Dr. José Tomás de Sousa Martins (1843–1897) gewidmet. Dem Arzt sagte man so wundersame Heilerfolge nach, dass bis zum heutigen Tag viele Menschen seine Fürbitte im Himmel erflehen. Wie bei wundertätigen Volksheiligen werden vor seinem Abbild Kerzen, Blumen und Votivtafeln aufgestellt.

Am Abhang zur Baixa befindet sich das **Hospital de São José** 6 [G4], das 1587 als Jesuitenkolleg erbaut und von Pombal nach Vertreibung des Ordens zum größten städtischen Hospital umgewandelt wurde. Meisterliche Azulejo-Gemälde des 17. Jhs. schmücken das Treppenhaus des Hauptgebäudes (Zugang an der Südseite, Rua José António Serrano). Durch die schmale Gasse Rua do Arco da Graça gelangt man wieder hinunter zur Rua das Portas de Santo Antão.

Avenida da Liberdade

Einige der großen Bäume und die Statuen der Flussgötter Tejo und Douro am Beginn der Avenida da Liberdade sind die letzten Reste des Passeio Público, der Modepromenade des 19. Jhs., die dem Bau der Avenida weichen musste › S. 105. Der Initiator des Avenida-Projekts, das 1882–1887 realisiert wurde, war der damalige Bürgermeister Rosa Araújo, der gegen alle Widerstände und auf eigene Kosten den beliebten Passeio Público entfernen ließ, um seine Vision von einer modernen Weltstadt zu verwirklichen. Es handelte sich um den ersten großen Stadtentwicklungsplan nach der Pombalzeit, der die Grundlinien für die zukünftige Entwicklung der Stadt nach Norden vorgab.

Beim Bummel die Avenida hinauf passiert man auf der Ostseite Lissabons traditionsreichsten Filmpalast, das **Cinema Tivoli** (Hausnr. 182) von 1924. Vor dem Gebäude steht noch der **Quiosque do Tivoli** 7 [F3], ein wunderschön dekorierter,

Karte S. 111

Tour 5: Avenida da Liberdade **Avenidas**

Praça Marquês de Pombal mit der Statue des Reformers

knallroter Jugendstilkiosk (Avenida da Liberdade). **50 Dinge** ㉗ › S. 15.

Originelle Architektur der 1930er-Jahre zeigt das ehemalige **Hotel Vitória** (Nr. 168). Die **Zwillingshäuser** (Nr. 206/218) von 1915 sind Beispiele für die pompöse Originalbebauung der Avenida, bei der gewagte Kombinationen diverser Stile üblich waren. Die Architektur des Modernismo kennzeichnet das ehemalige **Verlagsgebäude des Diário de Notícias** von 1936 (Nr. 266, Architekt P. Monteiro).

Parque Mayer 8 [F4]

Das Eingangstor zum Parque Mayer stammt von 1931 und ist das erste Zeugnis des Art déco in Lissabon. Dahinter trifft man auf Relikte eines 1922 eingerichteten Vergnügungsparks, in dem es etliche Variététheater, Kinos und Restaurants gab. Besonders während der Salazarzeit wurden hier die beliebten »Revistas« aufgeführt, Komödien im Kabarettstil, die auch gelegentlich etwas Regimekritik wagten. Heute zieht vor allem das **Teatro Maria Vitória** Besucher an (Parque Mayer, Tel. 213 461 740, www.teatromariavitoria.com). Das frühere Kino-Theater **Capitólio** wurde restauriert, zudem ist ein Auditorium geplant. Das ehemalige Teatro Variedades soll zukünftig als Museum die »Revistas« dokumentieren.

Rua Barata Salgueiro

Die Rua Barata Salgueiro verdankt ihren Namen einem Finanzmann, auf dessen Grundbesitz das Viertel Ende des 19. Jhs. nach Norden wuchs. Die Hauptachsen bilden nun die Rua Alexandre Herculano und die Rua Braamcamp. In diesem Geviert haben sich einige Prestigebauten von 1905–1925 erhalten.

In der **Cinemateca Portuguesa**, einem Filmmuseum mit Kino werden häufig internationale Retrospektiven gezeigt (Rua Barata Salgueiro 39, Tel. 213 596 200, www.cinemateca.pt).

Avenidas Tour 5: Avenida da Liberdade

Parque Eduardo VII.

Die Avenida da Liberdade endet in der runden **Praça Marquês de Pombal** mit dem Denkmal des Reformers. Dahinter steigt ! der Parque Eduardo VII. hügelan. Als oberer Abschluss der Avenida erhielt er im Gedenken an den Besuch des englischen Königs Edward bereits 1903 seinen Namen, wurde allerdings erst in den 1930er-Jahren angelegt.

Im oberen Parkbereich liegt unter einem Felshang die exotische **Estufa Fria** 9 [E2]. Das Gewächshaus ist nicht aus Glas, vielmehr reguliert eine Abdeckung verschiebbarer Holzlatten das Mikroklima. In diesem Schattenreich mit Teichen und Wasserläufen gedeihen Bambus, Baumfarne, Bananen, Kamelien, Orchideen und Palmen. Im gläsernen Gewächshaus **Estufa Quente** umstehen tropische Nutzpflanzen einen Teich. Das kleinste Gewächshaus, die **Estufa Doce**, ist Kakteen vorbehalten (Parque Eduardo VII., http://estufafria.cm-lisboa.pt, tgl. 10 bis 19, Winter 9–17 Uhr, 3,10 €).

Vom oberen Ende des Parks bietet sich ein überwältigender Blick über die Avenida zum Tejo. Die Ostseite akzentuiert der **Pavilhão dos Desportos** 10 [E2] (1921–1931) mit Azulejo-Bildern an den Fassaden. Der auch nach dem ersten portugiesischen Olympiasieger Carlos Lopes (Langstrecke, 1984) benannte Pavillon soll nach seiner derzeitigen Restaurierung als städtischer Veranstaltungssaal dienen.

Museu Calouste Gulbenkian 11 ★ [E1]

Das Museum ist Teil einer Stiftung des armenischen Ölmagnaten Gulbenkian. Diese finanziert einen großen Teil des Kulturlebens der Stadt. Sie unterhält u. a. ein Symphonieorchester und Ballett, vergibt Stipendien und verteilt mit fahrenden Bibliotheken Lesestoff im ganzen Land. Das **Centro de Arte Moderna** widmet sich vor allem der zeitgenössischen portugiesischen Kunst.

Mittelpunkt der Sammlungen des in einen Park eingebetteten Mu-

SEITENBLICK

Mister Five Percent

Calouste Gulbenkian (1869–1955), ein aus Istanbul stammender Armenier mit britischem Pass, war durch seine fünfprozentigen Beteiligungen an den größten Ölkonzernen als »Mister Five Percent« einer der reichsten Männer seiner Zeit. Als Kunstkenner und -sammler häufte er einen riesigen Schatz von Kunstwerken an, so ein Porträt der Helene Fourment von Rubens aus der Eremitage. In den 1930er-Jahren zog er mit einem Großteil seiner Kunstwerke in ein Pariser Palais an der Avenue d'Iéna. 1942 kam Gulbenkian – in Großbritannien von Enteignung, in Paris von den Schergen Hitlers bedroht – auf der Flucht vor dem Krieg nach Portugal, das ihm Exil gewährte. Bis zu seinem Tod residierte er in einer Suite des damaligen Nobelhotels Aviz. Aus Dankbarkeit vermachte Gulbenkian seinem Gastland ein beachtliches Vermögen und eine Kunstsammlung mit ca. 6000 Werken.

Im Museu Calouste Gulbenkian

seums bilden ❗ Meisterwerke der europäischen Malerei des 15. bis 19. Jhs., u. a. von Rembrandt, Rubens und Frans Hals. Reichlich ist Kunsthandwerk aus dem Vorderen Orient und Ostasien vertreten: Keramik, Glas und Teppiche. Gulbenkian war selbst ein anerkannter Experte für Orientteppiche. Das Museum besitzt die umfangreichste Kollektion von Jugendstilobjekten des Pariser Goldschmieds René Lalique. Die prunkvolle Sammlung französischer Möbel und Tapisserien aus dem 18. Jh. stammt aus Gulbenkians Pariser Palais (Avenida de Berna 45-A, www.gulbenkian.pt, Mi–Mo 10–17.45 Uhr, 10 €).

Tagsüber lädt der lauschige Gulbenkian-Garten zum Schlendern ein. Im August finden die berühmten Jazz-Tage statt › **S. 63**. Infos unter https://gulbenkian.pt/musica.

Avenidas Novas

Verlauf: Saldanha › Campo Pequeno › Bairro Arco do Cego

Karte: Seite 117
Dauer: ca. 2 Std.
Praktische Hinweise:
- Die Anfahrt erfolgt bis Ⓜ Saldanha, die Rückfahrt ab Ⓜ Alameda.
- Von Montag bis Freitag herrscht im Bereich der Avenidas Novas dichter Verkehr. Zwar ebbt dieser am Wochenende ab, doch wirkt das Viertel dann außerhalb der modernen Einkaufszentren recht ausgestorben.

Tour-Start: Saldanha

Mit der Bevölkerungsexplosion der Zeit um 1900 platzte Lissabon aus allen Nähten. Ein neuer Urbanisierungsplan erschloss mit den Avenidas Novas den Nordosten der Stadt. Zur Hauptachse des rechtwinkligen Straßengitters wurde die **Avenida da República**, die zunehmend von einer vornehmen Wohnallee zu einer weitgehend baumlosen, lauten Ausfallstraße mutierte. Dank der jüngsten Begrünungs- und Verkehrsberuhigungsmaßnahmen kommt die großbürgerliche Repräsentationsarchitektur des Boulevards allmählich wieder besser zur Geltung.

Ausgangspunkt der Tour ist die **Praça Duque de Saldanha** 12 [F2]. Um den Platz locken die modernen Einkaufszentren **Atrium Saldanha** und **Saldanha Residence** mit Modeläden, Kinos und Restaurants.

Ganz in der Nähe bietet der **Mercado 31 de Janeiro** alles für die typische Lissabonner Küche: Kohlblätter und Gemüse *(hortaliça)* für sämige Suppen, gelbe Kürbisse, deftige Würste *(chouriços)*, Schnecken *(caracóis)*, Knoblauch und Oliven.

Westlich der Avenida Fontes Pereiro de Melo steht zwischen moderner Bürohausarchitektur eine Villa des Fin de Siècle mit dem Sammlermuseum **Casa-Museu Dr. Anastácio Gonçalves** 13 [F2]. Zwischen den Möbeln des früheren Besitzers sind Lissabonner Gemälde aus dem 19. Jh. und eine Kollektion chinesischen Porzellans zu sehen (Rua Pinheiro Chagas 3, http://blogdacmag.blogspot.de, Di–So 10–13, 14-17.30 Uhr, 3 €).

Die **Pastelaria Versailles** 14 [F1] › S. 39 ist mit ihrer noblen Ausstattung eine Bastion für Nostalgiker vergangener Kaffeehauskultur, in der feine alte Herren in Maßanzügen und feine alte Damen mit Goldschmuck sich ein Stelldichein geben. Das Gebäude zählt zu den wenigen verbliebenen Wohnbauten aus der Gründerzeit der Avenida da República (Nr. 15-A).

Campo Pequeno

Der rote Backsteinbau der **Praça do Campo Pequeno** 15 [F1] von 1892 zeigt fantasievolle, arabisierende Formen. Bis zu 10 000 Zuschauer finden auf den Rängen der Arena Platz. Anfang des 21. Jhs. entstand hinter der imposanten Fassade eine Mehrzweckhalle mit unterirdischem Shoppingcenter, Restaurants, Bars und Kinosälen. Die Arena ist nun dank einer ausfahrbaren Glaskuppel ganzjährig nutzbar und dient auch als Veranstaltungsort für Sportereignisse sowie für Musik- und Fernsehshows. Nach wie vor finden – trotz Protesten portugiesischer Tierschützer – in der Sommersaison Stierkämpfe statt (www.campopequeno.com).

An der Rua do Arco do Cego, steht der **Palácio Galveias** 16 [F1], im 17. Jh. als Landhaus der Grafen von Távora gegründet, die vom Marquês de Pombal nach einem Attentat auf König José I. verfolgt wurden. Mehrere Mitglieder der Familie wurden hingerichtet, ihre Besitztümer konfisziert. Heute logiert ein Teil der Stadtbibliothek in dem Palast, der zzt. komplett renoviert wird. Mit den schlichten Kuben und zurückgesetztem Haupttrakt zwischen zwei turmartigen Seitenblöcken weist er die charakteristische Grundform der Landsitze *(solares)* auf, die in der Barockzeit auf den Gütern des Adels im Umkreis der Stadt entstanden.

Zwischen Avenida da República und Avenida Almirante Reis hat die Salazarzeit unübersehbare Spuren hinterlassen. Symbole des damals propagierten »neuen Lissabon« sind die kolossalen Marmortempel von Großbanken im Umkreis des Campo Pequeno. Diese dominiert der im Jahr 1993 nach Plänen des Architekten Arsénio Cordeiro fertiggestellte Sparkassenneubau der **Caixa Geral de Depósitos** 17 [F1]. Wie die zehn Jahre älteren Türme des postmodernen Einkaufszentrums Amoreiras › **S. 106** huldigt das Gebäude neuem Gigantismus. Es ist nicht nur Arbeitsstätte für 3200 Angestellte, sondern beherbergt mit dem **Culturgest** ein Konzert- und Ausstellungszentrum, das

Tour 6: Avenidas Novas **Avenidas**

ein Fixpunkt des Kulturlebens von Lissabon ist › **S. 63**.

Zwischenstopp: Restaurant
Chimarrão ❶ €€ [G1]
Hier genießt das junge In-Publikum der Avenidas Novas die geschmackliche Vielfalt des brasilianischen *rodízio* – zart gegrilltes Fleisch und dazu eine Riesenauswahl an unterschiedlichen Beilagen und Salaten.
- Avenida de Roma 90-D
  Tel. 210 026 627
  www.chimarrao.pt

Tour entlang der Avenidas Novas

Tour ❻

Avenidas Novas

- 12 Praça Duque de Saldanha
- 13 Casa-Museu Dr. Anastácio Gonçalves
- 14 Pastelaria Versailles
- 15 Praça do Campo Pequeno
- 16 Palácio Galveias
- 17 Caixa Geral de Depósitos
- 18 Bairro Arco do Cego
- 19 Instituto Superior Técnico

Avenidas Tour 6: Avenidas Novas

Karte
S. 117

> **Erst-klassig**
>
> **Lissabon gratis entdecken**
>
> - Inhaber der **Lisboa Card** kommen in vielen Museen/Sehenswürdigkeiten der Stadt in den Genuss freien Eintritts › S. 152.
> - Bei geschickter Planung lässt sich auch ohne Lisboa Card einiges sparen. So gewähren etliche Museen und Sehenswürdigkeiten **an Sonn- und Feiertagen vor 14 Uhr freien Eintritt.**
> - Der Besuch im **Museu Calouste Gulbenkian** › S. 114 ist sonntags ab 14 Uhr gratis. Ins **Museu do Oriente** › S. 103 kommen Sie am Freitag zwischen 18 und 22 Uhr kostenfrei.
> - **Generell gratis** ist die Besichtigung des **Núcleo Arqueológico da Rua dos Correeiros** › S. 84, des **Museu do Design e da Moda** › S. 84, des **Museu da Sociedade de Geografia de Lisboa** › S. 110, des **Museu Colecção Berardo** › S. 124 (abgesehen von einigen Sonderausstellungen) sowie der **Kirchen**, etwa der **Basílica da Estrela** › S. 104.
> - Das Reisebudget schonen auch Besuche in verschiedenen frei zugänglichen **Parks** wie dem **Jardim da Estrela** › S. 105 oder dem **Parque Eduardo VII.** › S. 114, im sehenswerten Westfriedhof **Cemitério dos Prazeres** › S. 105 und auf einem der zahlreichen **Aussichtspunkte** *(miradouros)* in der Stadt › S. 77.

Bairro Arco do Cego 18 [F1–G2]

Das erste Modell eines staatlichen Sozialbauprogramms der Salazarzeit › S. 56 zeigt ein vereinfachtes Casa-portuguesa-Programm, eine Art faschistischen Heimatstil. Salazar favorisierte für die Bairros Sociais (ein Dutzend entstanden 1927 bis 1937) überschaubare, dorfähnliche Anlagen, musste aber später aus ökonomischen Gründen dem Bau großer Mietskasernen zustimmen.

Auf der Rückseite des Bairro Arco do Cego ragt die **Igreja São João de Deus** (1949) auf. Davor erstreckt sich die **Praça de Londres,** die – ebenso wie die weiter nordöstlich gelegene **Praça de Sá Carneiro** (Praça de Areeiro) – als Zentrum eines neuen Wohnviertels in den 1940er-Jahren entstand. Die kasernenartige Strenge der Hochbauten wird durch die viereckigen Dachpyramiden kaum gemildert und demonstriert beispielhaft das Ordnungsprinzip faschistischer Staatsarchitektur.

Der erste Prestigebau der Salazarzeit liegt an der Avenida Manuel de Maia: das **Instituto Superior Técnico** 19 [G1] (1927–1935). Mit seiner für Lissabon damals völlig neuen, der sachlichen internationalen Moderne verpflichteten Architektur setzte es einen ungewohnten Akzent. Architekt der »neuen Akropolis« des technischen Zeitalters war Pardal Monteiro, der die meisten großen Bauaufträge der Salazarzeit ausführte (Av. Rovisco Pais 1, http://tecnico.ulisboa.pt).

Ofenfrisch serviert: Pastéis de Belém

BELÉM

Kleine Inspiration

- **Im Kreuzgang des Mosteiro dos Jerónimos** die manuelinische Steinmetzpracht bewundern › S. 120
- **Im Museu da Marinha** in die Zeit der portugiesischen Entdeckungsfahrten eintauchen › S. 123
- **Von den Zinnen der Torre de Belém,** der einstigen Hafenfestung, nach Schiffen auf dem Tejo Ausschau halten › S. 124
- **Köstliche Cremeteilchen** in einem der mit Azulejos verzierten Säle der Fabrica dos Pastéis de Belém genießen › S. 125
- **In der exotischen Blütenfülle** des Jardim Botânico Tropical schwelgen › S. 125
- **Die moderne Architektur** des futuristischen Museumsbaus des MAAT bewundern › S. 126

Belém Tour 7

Die prachtvolle Inszenierung der Manuelinik im Hieronymitenkloster und am Hafenturm sowie der Königspalast und exotische Gärten sind Höhepunkte im vornehmen Vorort Belém.

Der Besuch von Belém gehört zu den Höhepunkten jeder Lissabon-Reise, nicht nur wegen der bedeutenden Hinterlassenschaften der Seefahrerzeit: dem Hieronymitenkloster und dem Wachturm im Tejo. In Belém, auch für Lissabonner am Wochenende ein beliebtes Ausflugsziel, kann man sich vom Großstadttrubel erholen. Zwei botanische Parks mit exotischen Bäumen und viele Restaurants und Cafés laden nach dem Besuch des Klosters und mehrerer Museen zur Rast ein.

Tour in Belém ★

 Denkmäler der Seefahrerzeit

Verlauf: Mosteiro dos Jerónimos › Praça do Império › Torre de Belém › Rua de Belém › MAAT › Palácio da Ajuda

Karte: Seite 121
Dauer: ca. 4 Std.
Praktische Hinweise:
- Die Anfahrt vom Stadtzentrum erfolgt per Straßenbahn (Eléctrico 15) oder Vorortzug Richtung Cascais ab Cais do Sodré. Den Anstieg zum Palácio da Ajuda erspart man sich mit der Fahrt mit dem Eléctrico 18 (nur Mo–Sa mittag) ab Belém.
- Montags sind viele Sehenswürdigkeiten in Belém geschlossen, ebenso am 1. Jan., Ostersonntag, 1. Mai, 25. Dez. Okt.–April gelten verkürzte Öffnungszeiten.

Tour-Start: Mosteiro dos Jerónimos 1 ★

Das ehemalige Hieronymitenkloster ist das bei Weitem interessanteste Bauwerk Lissabons und ein glanzvolles Zeugnis des Zeitalters der Entdecker. Die UNESCO nahm es 1983 in die Liste des Weltkulturerbes auf (Praça do Império, www.mosteirojeronimos.pt, Okt.–April Di–So 10–17.30, Mai–Sept. Di–So 10–18.30 Uhr, 10 €, Kombiticket mit Torre de Belém 12 €).

Zuvor stand hier am einstigen Porto do Restelo eine kleine, der Nossa Senhora de Belém (»Unserer Lieben Frau von Bethlehem«) gewidmete Kapelle, die auf eine Gründung Heinrich des Seefahrers zurückging. Vom Hafen Restelo brachen die Karavellen zu ihren Expeditionen über die Weltmeere auf. Hier wurde am 7. Juli 1497 Vasco da Gama verabschiedet und nach seiner Reise nach Indien um die Süd-

Tour 7: Denkmäler der Seefahrerzeit **Belém**

spitze Afrikas am 24. Juli 1499 mit fürstlichen Ehren empfangen.

1502 legte König Manuel I. den Grundstein zu dem Kloster, das zum Symbol des Triumphs der portugiesischen Seeherrschaft und zu einem Hauptwerk der Manuelinik › S. 53 wurde. Das riesige Bauvorhaben finanzierte er mit einer Importsteuer und durch die enormen Gewinne, die er kraft seines Monopols auf den Gewürzhandel erzielte. Als Hauptmeister werden in den Archiven wie bei allen weiteren Großbauten der Regierungszeit König Manuels Diogo Boytac (bis zu seinem

Tour in Belém

Tour ⑦

Denkmäler der Seefahrerzeit

1. Mosteiro dos Jerónimos
2. Museu de Marinha
3. Museu Nacional de Arqueologia
4. Centro Cultural de Belém
5. Padrão dos Descobrimentos
6. Museu de Arte Popular
7. Torre de Belém
8. Fábrica dos Pastéis de Belém
9. Jardim Botânico Tropical
10. Museu Nacional dos Coches
11. Museu de Arquitetura, Arte e Tecnología (MAAT)
12. Palácio Nacional da Ajuda
13. Jardim Botânico d'Ajuda

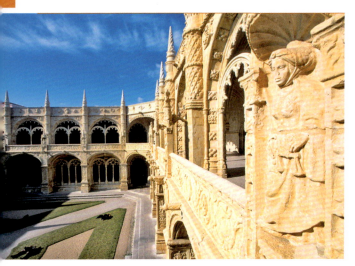

Der herrliche Kreuzgang des Mosteiro dos Jerónimos

Tod 1517) und danach João de Castilho genannt.

Der Außenbau der Klosterkirche **Igreja de Santa Maria de Belém** ist relativ wenig gegliedert, mit Ausnahme des prächtigen Südportals, das wie eine riesige Monstranz 32 m hoch aufragt. Am Mittelpfeiler steht Heinrich der Seefahrer im Bogenfeld unter den Reliefbildern zur Hieronymuslegende. Das 1517 entstandene Westportal ist ein Meisterwerk des Franzosen Nicolas de Chanterène, von dem die schönsten Bildhauerarbeiten der Manuelinik stammen. An den Seitenwänden knien König Manuel I. und seine Gemahlin, begleitet von den Heiligen Hieronymus und Johannes dem Täufer, betend unter den Bethlehem-Reliefs im Giebelfeld.

Überraschend schwerelos wirkt der Innenraum, eine spätgotische Halle, die durch hohe Pfeiler von nur 1 m Durchmesser gestützt wird. Aus diesen entspringen Rippen, die sich zu einem dekorativen Netzgewölbe auffächern. Noch kühner ist die Konstruktion des Querschiffs, dessen Wölbung eine lichte Weite von 29 m überspannt.

In Kontrast zur übrigen Kirche steht der ernste, fast düstere **Renaissancechor,** in dem auf steinernen Elefanten die Sarkophage Manuels I., seines Sohnes João III. und ihrer Gemahlinnen ruhen. Das Grabmal Vasco da Gamas befindet sich unter der Empore, ebenso ein Kenotaph für den Nationaldichter Luís de Camões, dessen Grab unbekannt ist.

Eines der schönsten manuelinischen Bauwerke ist der doppelstöckige **Claustro** (Kreuzgang). Ursprünglich spiegelten sich die Arkadenwände mit ihrer ganzen bildhauerischen Pracht in einem riesigen Wasserbecken. **50 Dinge** ㉙ › S. 15. Damals muss der Kreuzgang

Karte S. 121

Tour 7: Denkmäler der Seefahrerzeit **Belém**

noch stärker als heute wie der Palasthof eines orientalischen Fürsten gewirkt haben, nicht wie ein schlichter Wandelgang für strenggläubige Mönche.

Fast 200 m misst das **Dormitorium,** das sich westlich an die Kirche anschließt und mit ihr zusammen die Fassadenwand des Klosters zum Fluss hin bildet. Das Untergeschoss war früher, als das Kloster noch direkt am Flussufer lag, eine offene Halle, Schutzraum, Markt- und Handelsplatz für Seeleute und Fischer. Die heutige Erscheinung ist im Wesentlichen das Ergebnis der Restaurierung des 19. Jhs.

Im Westflügel des Klosters ist das **Museu de Marinha** 2 mit ❗ einer Sammlung zur portugiesischen Seefahrtsgeschichte untergebracht. Sie umfasst Schiffsmodelle, nautische Instrumente und Seekarten sowie im Außenbereich auch kleinere Originalboote (http://museu.marinha.pt, tgl. 10–18, im Winter 10 bis 17 Uhr, 6,50 €).

Das benachbarte **Museu Nacional de Arqueologia** 3 zeigt Grabungsfunde, Felszeichnungen und Architekturreste aus Portugal, von der Altsteinzeit bis zum Mittelalter, darunter antike Goldschmiedekunst, Terrakottafiguren und Glasarbeiten (Praça do Império, www.museuarqueologia.pt, Di–So 10–18 Uhr, 5 €).

Praça do Império

Vor dem Mosteiro dos Jerónimos breitet sich die weite Praça do Império mit Grünanlagen und Springbrunnen aus. Der »Platz des Weltreichs« entstand anlässlich der Weltausstellung 1940, einer patriotischen Veranstaltung der Salazarzeit. An der Westseite des Platzes hat man mit EU-Millionen eine gewaltige Marmorburg aufgetürmt, das **Centro Cultural de Belém** 4, ein Kulturzentrum. Dort befindet sich

SEITENBLICK

Der Kunstmäzen Joe Berardo

In Südafrika erwarb der 1944 auf Madeira geborene Milliardär José (Joe) Berardo › S. 124 sein gewaltiges Vermögen. Als junger Mann dorthin ausgewandert, war er zunächst in einer Gärtnerei tätig und kam dann auf die geniale Idee, aus den alten Abraumhalden einer Goldmine mit modernem Gerät noch mehr von dem begehrten Edelmetall herauszuholen, als Jahrzehnte zuvor technisch möglich gewesen war. Später stieg er auch ins Diamantengeschäft ein. Heute besitzt er Beteiligungen an zahlreichen internationalen Unternehmen. Seinen Reichtum setzt Berardo, der in einem Palast bei Lissabon lebt, mit Vorliebe für die Förderung der Kunst ein. Er unterstützt zeitgenössische Maler und Bildhauer und hat eine der weltweit umfassendsten Sammlungen moderner Kunst zusammengetragen. Angefangen mit »Tête de Femme« (1909), einem kubistischen Frühwerk von Picasso, deckt diese rund ein Jahrhundert des Kunstschaffens ab. In den wechselnden Ausstellungen des Museu Colecção Berardo sind u. a. Werke von Yves Klein, Andy Warhol und Henry Moore zu sehen.

das **Museu Colecção Berardo,** in dem ❗ namhafte Werke des 20./21. Jhs. aus der rund 900 Stücke umfassenden Sammlung des Unternehmers Joe Berardo › **S. 123** zu sehen sind (www.museuberardo.com, tgl. 10–19 Uhr, Eintritt frei; temporäre Ausstellungen z. T. mit Eintritt).

Am angrenzenden Ufer des Tejo erhebt sich der **Padrão dos Descobrimentos** **5**. Das Denkmal der Entdeckungen wurde 1960 zum 500. Todestag Heinrich des Seefahrers errichtet. In Stein gehauen, schauen Heinrich der Seefahrer mit einer Karavelle in der Hand und hinter ihm u. a. Vasco da Gama, Bartolomeu Dias, Luís de Camões und Manuel I. über den Fluss in die Ferne. Ein Marmormosaik auf dem Boden vor dem Eingang, ein Geschenk der Republik Südafrika, zeigt eine **Windrose** mit einer Weltkarte, auf der die Stationen der portugiesischen Entdeckungsfahrten verzeichnet sind. Mit dem Aufzug geht es zur 50 m hohen Spitze des Denkmals und zur **Aussichtsterrasse** hinauf, die einen weitreichenden Rundumblick bietet (Avenida de Brasília, www.padraodosdescobrimentos.pt, tgl. 10–19, im Winter Di–So 10–18 Uhr, 4 €).

Wenig weiter beherbergt ebenfalls am Flussufer das **Museu de Arte Popular** **6** Gebrauchsgegenstände und Trachten aus den Regionen Portugals, vorwiegend aus der ersten Hälfte des 20. Jhs. Das 1948 im Stil der Salazarzeit eingerichtete Museum wurde umfassend renoviert (Avenida de Brasília, www.map.imc-ip.pt, Mi–Fr 10–18, Sa, So 10–13, 14–18 Uhr, 2,50 €).

Torre de Belém **7** ★

Flussabwärts steht ein weiteres Wahrzeichen der Entdeckerzeit, die 1515–1520 von Franciso de Arruda im Manuelinischen Stil errichtete Torre de Belém. Die von einem steinernen Tau umschlungene Hafenfestung bewachte die Einfahrt der Karavellen in den Porto do Restelo. Ursprünglich stand die Torre de Belém mitten im Tejo, verlor aber durch Aufschüttungen im 19. Jh. ihre Insellage. An den Zinnen prangt das Kreuz der Christusritter, indisch-orientalisch inspirierte Rippenkuppeln krönen die Türmchen. In den finsteren Kasematten im Inneren schmachteten bis zum 19. Jh. Gefangene. Das 35 m hohe Flachdach des von der UNESCO zum Weltkulturerbe erklärten Turms ist heute eine Aussichtsplattform mit Rundumblick (www.torrebelem.pt, Di–So 10 bis 18.30, im Winter bis 17.30 Uhr, 6 €, Kombiticket mit dem Mosteiro dos Jerónimos 12 €).

Rua de Belém

Die **Fábrica dos Pastéis de Belém** **8** stellt seit 1837 köstliche Cremeteilchen *(pastéis de Belém)* her. **50 Dinge** ⑪ › **S. 13**. Sie werden warm serviert und nach Geschmack mit Zimt und Puderzucker bestreut. Das hauseigene, streng geheime Rezept geht auf klösterliche Tradition zurück (Rua de Belém 84–92, Tel. 213 637 423, www.pasteisdebelem.pt, Juli–Sept. tgl. 8–24, Okt.–Juni 8–23 Uhr).

Die pittoreske **Rua Vieira Portuense** liegt am Tejo-Ufer. Vor ihrem fotogenen Häuserensemble aus dem

Tour 7: Denkmäler der Seefahrerzeit **Belém**

Wahrzeichen der Entdeckerzeit: Torre de Belém

16.–18. Jh. haben Restaurants Stühle und Tische im Freien aufgestellt, die zu einer Pause einladen.

Gleich um die Ecke liegt der **Jardim Botânico Tropical** 9. Die früher als Jardim do Ultramar bekannte, 1906 gegründete ! Parkoase beherbergt exotische Pflanzen, zusammengetragen aus den ehemaligen portugiesischen Kolonien in Übersee. Dank des milden Atlantikklimas gedeihen hier Arten, die andernorts in Europa kaum zu finden sind. Deren Erforschung widmet sich der Park. Alleen und ein großer Teich gliedern das weitläufige (7 ha) Gelände (Largo dos Jerónimos, www2.iict.pt/jbt, Nov.–Jan. 10–17, Feb., März, Okt. 10–18, April, Sept. 10–19, Mai–Aug. 10–20 Uhr, 2 €).

Als Themengarten widmet sich der integrierte **Jardim Oriental** der asiatischen Gartenkunst. Oberhalb des orientalischen Gartens erhebt sich der **Palácio dos Condes da Calheta** aus dem 17. Jh. mit einem Dokumentationszentrum und einer mit formalen Buchsbaumhecken gestalteten Außenterrasse.

Eine weitere Attraktion ist das **Museu Nacional dos Coches** 10. Das Kutschenmuseum wurde 1905 von Dona Amélia, der Gattin des letzten portugiesischen Königs, gegründet. Die wertvolle Sammlung von 59 meist sehr prunkvollen Wagen aus der Zeitspanne vom 17. bis 19. Jh. stammt großenteils aus dem Besitz der königlichen Familie und befand sich bis 2015 in den Räumlichkeiten der Reitschule des **Palácio de Belém**, dem offiziellen Wohnsitz des Präsidenten der Republik Portugal. Nun ist sie in ein eigenes, modernes Gebäude umgezogen (Avenida da Índia 136, www.museudoscoches.pt, Di–So 10–18 Uhr, 6 €).

Museu de Arquitetura, Arte e Tecnología (MAAT) 11

Das neueste Museumsflaggschiff Lissabons ist das **MAAT,** das nicht nur wechselnde Ausstellungen be-

Belém Tour 7: Denkmäler der Seefahrerzeit

Karte S. 121

Neues Flaggschiff unter den Lissabonner Museen: das MAAT

herbergt, sondern auch viele kulturelle und kreative Veranstaltungen ausrichtet. Bereits das futuristische Gebäude ist den Besuch wert, es passt sich wie eine sanfte Welle der Uferfront an. **50 Dinge** ⑥ › S. 12. Die Architekten um Amanda Levete verwendeten für die Hülle 3-D-gefertigte Fliesen. Das Sonnenlicht vom Tejo soll durch die reflektierende Oberfläche ins Innere des Gebäudes transportiert werden. Zum Komplex gehört auch **Central Tejo**, das frühere Kohlekraftwerk von 1914, das Lissabon mit Strom versorgte und heute als Industriedenkmal und Elektrizitätsmuseum dient (Avenida de Brasília, www.maat.pt, Mi–Mo 12–20 Uhr, ab 5 €).

Palácio Nacional da Ajuda 12

Die Calçada da Ajuda führt auf eine Anhöhe, wo die königliche Familie ab 1802 auf ehemaligem Jagdgrund einen Palast erbauen ließ. König Luís I. (reg. 1861–1889) erhob ihn zur ständigen Residenz. Heute wird der klassizistische Bau für Staatsempfänge genutzt. Zwei Flügel sind zugänglich. Zu sehen sind Prunkräume des 19. Jhs., der Wintergarten und Dekorationsgegenstände aus den königlichen Gemächern (Largo da Ajuda, www.palacioajuda.pt, Do–Di 10 bis 18 Uhr, 5 €).

Dem Palast gegenüber ließ König José I. 1768 den **Jardim Botânico d'Ajuda** 13 durch einen italienischen Botaniker anlegen, um die aus den Kolonien mitgebrachten Pflanzen zu kultivieren und die Chancen ihrer kommerziellen Nutzung zu untersuchen. Heute gehört die Anlage zur Technischen Hochschule Lissabon. Während der obere Gartenteil Studienzwecken dient, ist der untere Bereich parkartig im Barockstil mit formgeschnittenen Buchsbaumhecken angelegt (Tapada da Ajuda, www.jardimbotanicodajuda.com, Nov.–März tgl. 9–17, April/Okt. Mo–Fr 10–17, Sa, So 10 bis 18, Mai–Sept. Mo–Fr 10–18, Sa, So 9–20 Uhr, 2 €).

Mit der Seilbahn schwebt man über den Park der Nationen

AUSFLÜGE & EXTRA-TOUREN

Kleine Inspiration

- **Die herrlichen Azulejos** im Kloster Madre de Deus und im dortigen Azulejo-Museum bewundern › S. 128, 150
- **Einen Tag im Parque das Nações** im Ozeanarium, in der Seilbahn und im Wissenschaftspavillon verbringen › S. 130
- **An den Stränden** zwischen Cascais und Estoril entspannen › S. 135
- **Die Sommerfrische Sintra** mit königlicher Sommerresidenz und Märchenschloss besuchen › S. 139
- **Mit ungewöhnlichen Verkehrsmitteln** Lissabon erkunden › S. 149

Ausflüge

Museu Nacional do Azulejo 1 ⭐

> **Zentrum › Xabregas**
>
> Karte: Seite 132
> Dauer: ½ Tag
> Praktische Hinweise:
> - Anfahrt zum Museu Nacional do Azulejo bis Ⓜ Restauradores, Rossio oder Santa Apolónia und weiter mit Bus Nr. 759 oder bis Ⓜ Saldanha und weiter mit Bus Nr. 742.

Das ❗ schöne Kloster Madre de Deus von 1508 ist ein idealer Rahmen für das Azulejo-Museum. Fliesen aus dem 16. bis 20. Jh. rund um den Kreuzgang veranschaulichen die thematische Bandbreite dieses typisch portugiesischen Kunsthandwerks. Auch über die Techniken der Azulejo-Herstellung und ihre Geschichte wird informiert. Glanzstück der Sammlung und auch historisch von großer Bedeutung ist ein 23 m langes Azulejo-Bild von Lissabon, das die Stadt um 1700 auf einer Breite von ca. 14 km vor dem großen Erdbeben zeigt. **50 Dinge** ㉒ › **S. 14**. Aus 1400 Azulejos besteht das Altarbild »O Retábulo de Nossa Senhora da Vida« (Ende 16. Jh.).

Die Klosterkirche und angrenzende Kapellen sind Musterbeispiele portugiesischer Barockpracht mit aufwendig vergoldeten Holzschnitzereien. Fliesenbilder aus der Klosterküche zieren die Cafeteria, die auch einen hübschen begrünten Innenhof besitzt. Hier kann man sich nach dem Kunstgenuss stärken (Rua da Madre de Deus 4, www.museudoazulejo.pt, Di–So 10–18 Uhr, 5 €).

SEITENBLICK

Azulejos – die Kunst der polierten Steinchen

Al-zulaycha bezeichnet auf Arabisch ein poliertes Steinchen. Glasierte Keramikfliesen wurden von den Arabern nach Spanien und Portugal gebracht. Die ältesten Azulejos Portugals stammen aus dem 15. Jh. und wurden in Sevilla hergestellt. Die Oberflächen sind durch Stege oder Furchen gegliedert, um das Ineinanderlaufen der Farben zu verhindern, und zeigen meist Ornamentsterne islamischer Tradition. Im 16. Jh. wurde aus Italien die Majolikatechnik eingeführt, bei der die Farben flächig auf eine Zinkglasur aufgebracht werden. Von dort kamen mit der Renaissance auch andere Motive und Muster nach Portugal. In der Folge wurde mit vielen Farben und Formen experimentiert, bis man sich Mitte des 17. Jhs. unter dem Einfluss holländischer Ware auf den Farbklang von Kobaltblau und Weiß beschränkte. Blau-weiße barocke Fliesenpaneele mit szenischen Darstellungen und ornamentaler Wellenbordüre zieren noch heute Kirchen, Klöster und Paläste.

Museu da Água, Museen am Campo Grande **Ausflüge**

Museu da Água 2

Zentrum › Bahnhof Santa Apolónia

Karte: Seite 132
Dauer: ½ Tag
Praktische Hinweise:
- Anfahrt zum Museu da Água bis Ⓜ Santa Apolónia.

Der Hauptsitz des **Museu da Água** im früheren Wasserpumpwerk Barbadinhos von 1880 ist heute ein Industriedenkmal. Mit Dampfantrieb wurde hier das Wasser des Rio Alviela in zwei höher gelegene Speicherbehälter befördert, um die Stadt zu versorgen (Rua do Alviela 12, www.epal.pt, Di–Sa 10–17.30 Uhr, 4 €). Zum Museum gehören auch diese Ableger: der Aquädukt Águas Livres › **S. 107**, das Wasserreservoir Mãe d'Água das Amoreiras › **S. 106** und die Zisterne Patriarcal unter der Praça do Príncipe Real mit der Galeria do Loreto (Kombiticket 10 €). **50 Dinge** ③ › **S. 12**.

Museen am Campo Grande 3

Zentrum › Campo Grande

Karte: Seite 132
Dauer: ½ Tag
Praktische Hinweise:
- Anfahrt bis Ⓜ Campo Grande; neben der Metrostation gibt es auch einen großen Busbahnhof.

Der Campo Grande, das »Große Feld«, war einst ein großes Exerziergelände vor der Stadt. Seit dem 17. Jh. entstanden hier Landhäuser *(solares)* und Ausflugslokale *(retiros)* und der Campo Grande entwickelte sich zu einem beliebtesten Naherholungsziel vor den Toren Lissabons. Bis heute ist der schattige Park ein gerne angesteuertes Freizeitziel der Hauptstädter. Es gibt Sportanlagen, Spielplätze und einen Teich, auf dem man Boot fahren kann. Auch die Studenten der **Cidade Universitária**, deren Areal an den Campo Grande angrenzt, nutzen den Park.

Von den ehemaligen Landhäusern des Adels hat als einziger der **Palácio Pimenta** am oberen Ende des Campo Grande überdauert. König João V., der so kirchenfromm war, dass er sich sogar seine Mätressen in Klöstern suchte, ließ ihn 1739 als Quinta für seine geliebte Nonne Paula errichten, mit der er zwei Kinder hatte. Heute befindet sich darin das Hauptgebäude des **Museu de Lisboa**. Das Stadtmuseum ist nicht nur wegen seiner geschichtlichen Exponate sehenswert, sondern es bewahrt auch etwas von der Atmosphäre eines Herrenhauses aus dem 18. Jh. mit originaler Küche sowie Wohnräumen mit Azulejowänden. Ein Stadtmodell zeigt Lissabon vor dem Erdbeben von 1755, während zeitgenössische die Stadt nach der Katastrophe illustrieren. Zu sehen sind die Originalentwürfe für die Rekonstruktion der Baixa (Campo Grande 245, www.museudelisboa.pt, Di–So 10–18 Uhr, 3 €).

SPECIAL

Freizeitspaß im EXPO-Park

Parque das Nações 4 ⭐

Shoppen, schlemmen, stöbern, staunen, spielen – die EXPO 1998 hat Lissabon eine zusätzliche Attraktion beschert. Portugiesen wie Touristen pilgern gleichermaßen zu dem ehemaligen Weltausstellungsgelände am Ufer des Tejo. Im Schnitt 1 Mio. Besucher pro Monat zählt sein Herzstück, der weitläufige Parque das Nações. Heute finden hier Konzerte, Sportevents und Kongresse statt. Einige Pavillons erhielten ein neues Innenleben in Gestalt attraktiver Dauerausstellungen. Zudem lädt der Park zum Joggen, Bummeln und Faulenzen ein. Wasserspiele, über ein Dutzend Restaurants, ein Spielkasino sowie am Wochenende unzählige Straßenkünstler erfreuen Groß und Klein. **50 Dinge** ㉔ › S. 15.

Shoppingcenter Vasco da Gama

Mehr als 160 Geschäfte und eine Vielzahl von Bars, Cafeterias und Restaurants umfasst der lichtdurchflutete ehemalige Eingangsbereich der EXPO. Eltern können ihren Nachwuchs in lustigen Comic-Cars durch die Ladenstraßen schieben, und wer gerne etwas Ruhe genießt, entspannt sich in den Liegestühlen auf der Terrasse im Obergeschoss. Von hier aus eröffnet sich ein herrlicher Blick auf das EXPO-Gelände und den nahen Tejo (tgl. 9–24 Uhr).

Wissenschaftspavillon

Auf anschauliche Weise erhalten die Besucher des **Pavilhão do Conhecimento – Ciência Viva** Einblick in verschiedene Sparten der Wissenschaft. Am Wochenende werden

Workshops angeboten, in denen z. B. Teleskope konstruiert oder Sonne, Mond und Sternbilder beobachtet werden.
- Pavilhão do Conhecimento
  Largo José Mariano Gago
  www.pavconhecimento.pt
  Di–Fr 10–18, Sa, So, Fei 11–19 Uhr,
  Erw. 9 €, Kinder 7–17 Jahre 6 €,
  3–6 Jahre 5 €, Familien 20 €

Oceanário de Lisboa ★

Hauptattraktion im Parque das Nações ist das Ozeanarium, eines der größten Meerwasseraquarien Europas. Rund 15 000 Fische, Vögel und Säugetiere tummeln sich hier. Im Hauptbecken können z. B. Haie, Rochen und Mondfische beobachtet werden. Vier kleinere Becken stellen die Natur des Indischen Ozeans, der Antarktis, der Azoren und der kalifornischen Küste dar. **50 Dinge** ④ › S. 12.
- Oceanário de Lisboa
  Doca do Olivais | www.oceanario.pt
  Tgl. 10–19 Uhr, Erw. 15 €, Kinder 4–12 Jahre 10 €, Familien 39 €

Torre Vasco da Gama

Der Turmsockel erinnert an einen Schiffsbug und die weiße Stahlkonstruktion an ein Segel, das sich an dem Mast aus Beton bläht. Wie ein Mastkorb erscheint das ehemalige, derzeit geschlossene EXPO-Restaurant in luftiger Höhe. Seit Ende 2012 schmiegt sich das Luxushotel **Myriad by Sana** (www.myriad.pt) an den 145 m hohen Turm, ohne ihn wirklich zu berühren. Ein Hauch von Dubai weht seither am Tejo. Das 22-stöckige Hotel der Superlative verfügt über 186 Zimmer und Suiten mit wunderbaren Ausblicken, ein Spa und das exklusive Restaurant **River Lounge** mit mediterraner Autorenküche.

Gare do Oriente

Der spanische Architekt Santiago Calatrava entwarf den grandiosen neuen Hauptbahnhof der Stadt. Beim Design des Glasdachs ließ er sich von Baumstrukturen inspirieren. Sehenswert ist wegen ihrer Azulejos, die u. a. von Friedensreich Hundertwasser gestaltet wurden, auch die Metrostation. Von der unteren Plattform gibt es einen direkten Zugang zum Einkaufszentrum Vasco da Gama.

Seilbahn

Beim Überqueren des Tejo-Ufers mit der Seilbahn **Telecabine** lässt sich der Park der Nationen einmal aus der Vogelperspektive erleben (www.telecabinelisboa.pt, Juni bis Sept. 10.30–20, Okt., März–Mai 11 bis 19, Nov.–Feb. 11–18 Uhr, Erw. 3,95 €, Kinder 2 €).

Besucherhinweise

- **Anfahrt:** Mit der roten Metrolinie bis Ⓜ Oriente oder mit den Vorortzügen ab Estação Santa Apolónia bis Gare de Oriente.
- **Infos:** www.portaldasnacoes.pt
- Zu dem Gelände gehören u. a. auch ein Jachthafen, die Messehallen der **Feira Internacional de Lisboa** und mehrere Veranstaltungsorte, der größte ist der Pavilhão Atlântico (MEO Arena). Im Teatro Camões finden vor allem Tanzvorführungen statt.

Ausflüge Museen am Campo Grande

Auf der gegenüberliegenden Seite des Campo Grande residiert das jüngst renovierte **Museu Rafael Bordalo Pinheiro** in einer Villa von 1912. Es widmet sich dem Karikaturisten und Keramikkünstler Rafael Bordalo Pinheiro (1846–1905). Er ist der Erfinder von portugiesischen Volkstypen wie dem tumben »Zé Povinho« und seiner geduldigen Ehefrau »Maria da Paciência«, die er in grotesken Tonfiguren verewigte (Campo Grande 382, http://museubordalopinheiro.cm-lisboa.pt, Di–So 10–18 Uhr, 3 €).

Bizarr ist die Keramik von Bordalo Pinheiro: Teller, Schalen und Tafelaufsätze mit plastisch gestalteten Riesenfrüchten, Fröschen oder Hummern. Er gründete eine Manufaktur in der portugiesischen Keramikhauptstadt Caldas da Rainha, wo das von ihm entworfene Geschirr im Kohlblattdesign bis heute zu den Topsellern zählt (www.bordallopinheiro.pt).

Zwischenstopp Café
Casa do Lago
In der Parkanlage des Campo Grande lädt das idyllische Café am See zu Kaffee, Kuchen und Tagesgerichten ein.
• Jardim do Campo Grande
  Di–Do, So 10–19, Fr, Sa 10–23 Uhr

Quinta do Monteiro Mor ❺

> **Lissabon › Lumiar**
>
> **Karte:** Seite 132
> **Dauer:** ½–1 Tag
> **Praktische Hinweise:**
> • Die Quinta liegt im Vorort Lumiar, Anfahrt bis Ⓜ Lumiar.

Die einst auf ländlichem Jagdgrund gelegene Quinta befindet sich heute mitten im Vorort Lumiar und ist eine stille Enklave in der Betonwüste. Zwischen zwei historischen Villen-

Karte S. 132

Quinta do Monteiro Mor **Ausflüge**

Fliesenbilder im Garten des Adelspalastes von Fronteira

komplexen des 18. Jhs. erstreckt sich in einer Talsenke ein botanischer Waldgarten mit exotischen Bäumen.

In der Quinta do Monteiro Mor befinden sich ein Kostüm- und ein Theatermuseum. Das **Museu Nacional do Traje** besitzt einen gewaltigen Fundus an Kleidungsstücken aus der Zeit vom 4. bis 19. Jh. Die schlichten wie kostbaren Stücke stammen aus allen portugiesischen Provinzen und werden mit viel Atmosphäre in den historischen Räumen der Quinta präsentiert. Auch ein Demonstrationsraum für die alten Web- und Stoffdrucktechniken ist angeschlossen (Largo Júlio de Castilho, www.museudotraje.pt, Di 14–18, Mi–So 10–18 Uhr, Museum 4 €, Park 3 €, Kombiticket mit Theatermuseum und Park 6 €).

Nebenan befasst sich das **Museu Nacional do Teatro (MNT)** mit der Geschichte des portugiesischen Theaters. Zu sehen sind u. a. Kostüme, Requisiten, Bühnenbilder, Plakate (Estrada do Lumiar 10, www.museudoteatro.pt, beide Museen Di bis So 10–18 Uhr, 4 €).

Zwischenstopp: Restaurant

In die Baumkronen blickt man von der Terrasse des **Parkrestaurants Monteiro-Mor** (€€€, Tel. 924 450 786, www.restaurantemonteiromor.com). Alternativ: Cafeteria des Theatermuseums.

Monsanto 6

Lissabon › Monsanto

Karte: Seite 132
Dauer: 1 Tag
Praktische Hinweise:
- Anfahrt bis Ⓜ Sete Rios/Jardim Zoológico, weiter mit Bus Nr. 770 oder ab Rossio Ⓜ mit Bus Nr. 711.

Westlich der Innenstadt ist der **Parque Florestal de Monsanto** ein beliebtes Naherholungsgebiet für Lissabon. Der östliche und südliche Fuß des Hügels war ehedem ein

SPECIAL Schicke Fußballstadien

SPECIAL

Schicke Fußballstadien

Nicht nur die Stadt, sondern das ganze Land ist polarisiert. Jeder Portugiese scheint entweder Fan von Benfica oder von Sporting zu sein. Zur Europameisterschaft 2004 erhielten die beiden Lissabonner Traditionsklubs neue Stadien.

Mit dem **Estádio da Luz** entstand Portugals größte, 65 000 Zuschauer fassende Arena, meist kurz *a luz* (»das Licht«) oder gar *catedral* genannt. Architekt Damon Lavelle realisierte mit dem lichtdurchlässigen Polykarbonatdach, das über den Tribünen zu schweben scheint, seine Vorstellung von einem sonnendurchfluteten Stadion. Jetzt nutzt Benfica die ganz in Rot (der Farbe des Klubs) ausgekleidete Anlage, die mit weiteren Sporthallen, einem Schwimmbad, Restaurationsbetrieben, einer Ladenzeile und Ausstellungssälen zum multifunktionalen Freizeitzentrum aufgewertet wurde (Avenida Eusébio da Silva Ferreira, Ⓜ Alto dos Moinhos, Tickets: Tel. 707 200 100, www.slbenfica.pt, Museum: http://museubenfica.slbenfica.pt, tgl. 10–18 Uhr, außer an Heimspieltagen, Stadionführungen mehrmals tgl., Museum und Führung 15 €).

Dem Stellenwert des Rivalen Sporting entsprechend erhielt dieser das zweitgrößte Stadion der EM, das **Estádio José Alvalade** mit 50 300 Plätzen, selbstverständlich in der Vereinsfarbe Grün gehalten und benannt nach einem der Vereinsgründer (1885–1918). Als Architekt zeichnete der Portugiese Tomás Taveira verantwortlich, der auch das Einkaufszentrum Amoreiras › **S. 106** baute.

Der Komplex beherbergt nicht nur Restaurants und Bars, sondern auch einen Discounter und ein Kino (Rua Professor Fernando da Fonseca, Ⓜ Campo Grande, Tickets: Tel. 707 204 444 www.sporting.pt, Museum tgl. 10.30–13, 14.30–18 Uhr, 10 €; Sa, So geführte Stadionbesichtigungen 11.30, 14.30, 15.30, 16.30, 8 €, mit Museum 14 €).

ländliches Idyll mit adeligen Quintas (Gutshöfen). Eine davon ist der zwischen 1650 und 1675 im Stil der italienischen Renaissance errichtete **Palácio dos Marqueses de Fronteira**. Das Erdbeben von 1755 überstand er unbeschadet. ❗ Seine berühmte Gartenanlage ist die besterhaltene des 17. Jhs. in Lissabon mit außergewöhnlichem Azulejo-Dekor. Das Haus ist Sitz einer Stiftung. Es kann bei Führungen besichtigt werden (Largo de São Domingos de Benfica 1, www.fronteira-alorna.pt, Mo–Sa 11, 12 Uhr, Juni–Sept. 10.30, 11, 11.30, 12 Uhr, So, Fei geschl., Garten 3 €, Palastführung inkl. Garten 9 €.

Der 900 ha große Parque Florestal de Monsanto geht auf Aufforstungen ab 1929 zurück. Zuvor war der flache Gebirgszug Weideland für Ziegen und Schafe. Heute durchzieht den inzwischen ❗ wegen seiner Vielfalt an Tier- und Pflanzenarten unter Naturschutz gestellten Forstpark ein Netz von Fuß- und Radwegen. Es gibt Picknickplätze und weitere Freizeiteinrichtungen.

Als Eingangsportal und Infozentrum dient das **Centro de Interpretação de Monsanto** (Estrada do Barcal, April–Okt. Mo–Fr 9.30–17, Sa 9.30–18, So 14–18, Okt.–März jeweils bis 17 Uhr).

Eine Festung aus dem 19. Jh., das **Forte de Monsanto,** dominiert den gleichnamigen Berg. Die hier stationierte Artillerie konnte im Ernstfall die Tejo-Einfahrt wie auch die gesamte Umgebung der Stadt beschießen. Heute dient das Fort als Gefängnis.

Detail aus dem Azulejo-Dekor im Garten des Fronteira-Palastes

Zwischenstopp: Restaurant
Monte Verde €€ [A2]
In diesem Ausflugslokal im Herzen des Monsanto lässt es sich prima speisen.
• Avenida Tenente Martins
Tel. 213 630 338 |
www.restaurantemonteverde.pt
Fr–Mi Mittagessen, Fr–Sa auch Abendessen (nur im Sommer)

Estoril 7 und Cascais 8

Lissabon › Estoril › Cascais

Karte: Seite 132
Dauer: 1 Tag
Praktische Hinweise:
• Anfahrt per Bahn ab dem Bahnhof am Cais do Sodré mit der Linha de Cascais, Abfahrt etwa alle 15 Min., die Fahrzeit beträgt rund 30 Min.

Seit Ende des 19. Jhs. Meerbäder bei der mondänen Gesellschaft in Mode kamen, entwickelte sich die

Ausflüge Estoril und Cascais

»Wo das Land endet und das Meer beginnt« – Cabo da Roca

windgeschützte **Costa do Estoril** mit ihrem milden Klima zur portugiesischen Riviera. Von der exklusiven Vergangenheit des Seebads **Estoril** künden noble alte Villen und Hotels, insbesondere das legendäre Grandhotel Palácio, wo Exilkönige – z. B. Umberto I. von Italien – residierten und sich während des Zweiten Weltkriegs Spione der Alliierten mit Gestapo-Agenten an der Bar trafen. Zur gleichen Zeit bezahlten jüdische Flüchtlinge, die auf ein Schiff nach Amerika warteten, mit Familienschmuck die Hotelrechnung. Freilich waren sie nur eine verschwindend geringe Minderheit der insgesamt 100 000 Flüchtlinge aus Hitler-Deutschland, für die Lissabon 1940–1945 die Transitstation ins sichere Exil war.

Das Zentrum von Estoril bildet das palmengesäumte Band des Stadtparks mit dem **Spielkasino** (www.casino-estoril.pt, tgl. 15–3 Uhr). Die Umgebung wartet ❗ mit schönen Strandabschnitten, einigen Golfplätzen und dem **Autódromo** für Autorennen auf. Der traditionelle British Touch von Estoril zieht heute wie damals viele betagte Briten an, die sich bei *Five O'Clock Tea* und Bridge wie zu Hause fühlen.

Hotel
Hotel Inglaterra €€
Außen Kolonialstil, innen charmant und hochwertig eingerichtet, zentral in Estoril.
- Rua do Porto 1 | Estoril
  Tel. 214 684 461
  www.hotelinglaterra.com.pt

Zwischenstopp: Café
Pastelaria Garrett
Traditionskonditorei mit fantastischer Auswahl an Gebäck und Snacks, beliebt bei der feinen Gesellschaft Estorils, aber auch bei allen anderen.
- Avenida de Nice 54 | Estoril
  Tel. 214 680 365 | Mi–Mo 8–19 Uhr

Eine lange Strandpromenade verbindet Estoril mit **Cascais**. Vor dem Hafen liegt der malerische Rathausplatz. Dahinter findet sich in den Geschäften, Cafés und Restaurants der Fußgängerzonen ein buntes Angebot für Touristen. Beliebter Treff ist der hübsche **Largo de Camões** in Hafennähe.

Ein Spaziergang durch die stillere Oberstadt zum **Parque Marechal**

Karte S. 132

Entlang der Atlantikküste **Ausflüge**

Carmona, einem gepflegten Park mit kleiner Cafeteria am Ententeich, lohnt sich. Dort ist das **Museu Condes de Castro Guimarães** in einem ehemaligen Adelspalast untergebracht. Mit seiner originalen Innenausstattung ist er ein Beispiel für die romantischen Burgen, die sich Lissabonner Geldbarone um 1900 in Estoril und Cascais bauen ließen (Avenida Rei Humberto II., Cascais, Di–So 10–13, 14–17 Uhr, 3 €).

Vor dem Palast versteckt sich die hübsche kleine Badebucht **Praia de Santa Marta**. Die **Marina** von Cascais nebenan gehört zu den wichtigsten des Landes. Die passende Kulisse bildet die mächtige **Citadela**, die ehemalige Hafenfestung aus dem späten 16. Jh. Heute befindet sich hinter den riesigen Mauern eine der schicksten Pousadas des Landes (www.pestana.com/de/hotel/fortress-cascais).

Info

Posto de Turismo
- Largo Cidade de Vitória | Cascais
  Tel. 912 034 214

Hotels

Farol Hotel €€€
Am Felsstrand beim Leuchtturm.
- Avenida Rei Humberto II de Itália 7
  Cascais | Tel. 214 823 490
  www.farol.com.pt

Pergola House €€
Zauberhaftes altportugiesisches Haus mitten im Ort; 10 Zimmer.
- Avenida Valbom 13 | Cascais
  Tel. 214 840 040
  www.pergolahouse.pt

Zwischenstopp: Restaurant
Casa Velha €€
Das gehoben rustikale Restaurant im historischen Kern von Cascais ist auf Fisch und Meeresfrüchte spezialisiert.
- Avenida Valbom 1 | Tel. 214 832 586
  www.restaurantecasavelha.com

Entlang der Atlantikküste

Lissabon › **Praia do Guincho** › **Cabo da Roca** › **Praia das Maçãs** › **Azenhas do Mar**

Karte: Seite 132
Dauer: 1 Tag
Praktische Hinweise:
- Für den Ausflug empfiehlt sich ein Mietwagen bzw. das eigene Auto.
- Er ist aber auch per Linienbus durchführbar, der zwischen Cascais und Sintra verkehrt (Linie 403, ab Bahnhof etwa stündlich, Fahrzeit 1 Std.). Die Busse fahren nicht über Azenhas do Mar, das aber ab Sintra mit Buslinie 440 zu erreichen ist. Infos: www.scotturb.com

Wechselnde Landschaften geben der Fahrt entlang der Atlantikküste zwischen Cascais und dem Cabo da Roca viel Spannung. Die Küstenstraße führt vom Zentrum von Cascais über die **Boca do Inferno,** wo das Meer durch ausgewaschene Felsen schäumt, zum Leuchtturm Senhora da Guia und vorbei an der **Fortaleza do Guincho** (heute Luxushotel).

Die dramatische **Praia do Guincho** 9 mit ihrem starken Wind und

Ausflüge Entlang der Atlantikküste

mächtigen Atlantikwellen ist **!** ein Paradies für Windsurfer und Wellenreiter. In der Dünenlandschaft hinter dem Strand lockt ein Café mit toller Aussicht und Infozentrum. Holzstege laden zum Spazieren durch die riesige Düne ein.

Zwischenstopp: Restaurants
Meste Zé €€€
Spezialität des Hauses ist *cataplana,* ein Schmortopf mit Meeresfrüchten. Einen Tisch mit Meerblick reservieren!
- Estrada do Guincho | Cascais
  Tel. 214 870 275 | www.mesteze.com
  Tgl. 12–23.30 Uhr

O Púcaro €
Leckere Fischgerichte in einem duftenden Pinienhain.
- Estrada do Guincho 13 | Cascais
  Tel. 214 870 497 | Mi–Mo 12–16.30, Mi–So 19.30–22 Uhr

Nun windet sich die Straße bergauf, bis man bei **Azóia** links zum **Cabo da Roca** 10 abzweigt, dem westlichsten Punkt des Kontinents mit einem Leuchtturm auf rund 140 m hoher Felskante. Vom Miradouro fällt der Blick steil hinab auf die gurgelnde See. Eine Steintafel gibt das zeitlose, auf das Cabo da Roca bezogene Zitat des portugiesischen Nationaldichters Luís de Camões wieder: »Onde a terra acaba e o mar começa« (»Wo das Land endet und das Meer beginnt«). Das Tourismusbüro verkauft sogar Urkunden, die den Besuch am Westkap Europas attestieren.

Zwischenstopp: Restaurant
Moinho Dom Quixote €€
Die bunt gestaltete Mühlenbar mit der lauschigen Gartenanlage (tolle Aussicht auf die Praia do Guincho!) lädt zum Verweilen ein.
- Rua do Campo da Bola 1 | Azoia
  Tel. 219 292 523 | tgl. 12–2 Uhr

Von nun an geht es in vielen Schleifen bergab, bis sich schließlich hinter Pé da Serra ein atemberaubender

SEITENBLICK

Pilgerstätte für Botaniker

Eine einzigartige Flora prägt das weit in den Atlantik vorgeschobene Cabo da Roca. Sie ist niedrig, sichtlich vom Wind gepeitscht und von Arten geprägt, die man andernorts in Portugal kaum zu Gesicht bekommt. Im zeitigen Frühjahr sprießen an den Felshängen die weißen Blüten der seltenen Grasnelke *Armeria pseudoarmeria.* Sie ist ein Endemit des Cabo da Roca, kommt also nur hier vor. Eine echte Nelke, die in diesem Gebiet endemisch ist, eine Unterart von *Dianthus cintranus,* zeigt ihre federförmigen rosafarbenen Blüten im Mai. Im Vorkommen auf die Umgebung des Cabo da Roca sowie auf Galicien beschränkt ist das sehr seltene, weiß, fast wachsfarben blühende Kuzinsky-Gedenkemein *(Omphalodes kuzinskyanae).* Als Teil des Naturparks Sintra-Cascais steht das Cabo da Roca unter Naturschutz. Die aus Südafrika eingeführte Mittagsblume breitet sich auf der Hochfläche am Kap unkontrolliert aus und gefährdet die einheimische Flora.

Karte S. 132

Sintra und Umgebung **Ausflüge**

Azenhas do Mar liegt direkt an der Steilküste

Blick nach Norden öffnet. Im Tal nimmt man die Abzweigung nach **Praia das Maçãs** 11, einem Badeort der Lissabonner, der sich für erholsame Tage eignet. Neben den schönen Stränden lockt ein großes Schwimmbad mit Meerwasserpool im 2 km weiter nördlich malerisch gelegenen **Azenhas do Mar** 12.

Hotel

Casal Santa Virginia €€
Von den acht Zimmern und Suiten der stilvollen Privatunterkunft blickt man direkt auf den tosenden Atlantik.
- Avenida Luís Augusto Colares 17
  Azenhas do Mar | Tel. 219 283 198
  www.casalstvirginia.com

Zwischenstopp: Restaurant

Restaurante Piscinas €€
Das helle Fischlokal bietet einen großartigen Meerblick. Tgl. 12–22 Uhr.
- Azenhas do Mar | Tel. 219 280 739
  www.azenhasdomar.com

Sintra 13 ⭐ und Umgebung

Lissabon › Sintra

Karte: Seite 132
Dauer: 1 Tag
Praktische Hinweise:
- Nach Sintra gelangt man ab Lissabon (Estação do Rossio) bequem per Bahn (Linha de Sintra, Abfahrt alle 10–20 Min., Fahrzeit 40 Min.).
- Die Serra de Sintra lässt sich ab Sintra mit den touristischen Buslinien 434 (Castelo dos Mouros, Palácio da Pena) und 435 (Palácio de Monserrate) von Scotturb (www.scotturb.com) erkunden.
- Stets eine Jacke mitnehmen.

Serra de Sintra

Immer etwas kühler als die Umgebung präsentiert sich die Serra de

Die Quinta da Regaleira in Sintra ist umgeben von einem verwunschenen Park

Sintra. Auch wenn sonst überall die Sonne scheint, ist dieses Küstengebirge oft von Nebel verhangen. So wählten schon vor Jahrhunderten die portugiesischen Könige und in ihrem Gefolge zahlreiche Adlige die ehemalige Maurenfestung Sintra als Sommerresidenz.

Das mildfeuchte Mikroklima begünstigt eine üppige Flora. Als im 19. Jh. Landschaftsgärten nach englischem Vorbild in Mode kamen, wetteiferten betuchte Hobbybotaniker miteinander in der Anlage exotischer Parks, allen voran der deutsche Prinzgemahl Dom Fernando, der Teile der steinigen Serra de Sintra in eine Waldlandschaft umwandeln ließ › S. 143. Sintra avancierte zum ersten europäischen Zentrum der romantischen Architektur. Die UNESCO hat Sintra deswegen als Weltkulturerbe gewürdigt. Quintas im Schatten von Palmen und Zedern, gerahmt von Kamelien, Rosen und Hortensien, sind heute Oasen der Stille und erzählen viel über das alte Portugal.

Sintra

Fremdartig wirkt das Ortsbild von Sintra (30 000 Einw.) durch die steilen Giebeldächer, die der Chalet-Mode des 19. Jhs. entstammen. Vertreten sind aber auch Häuser im Casa-portuguesa-Stil mit geschweiften Giebeln, Erkern, Kaminen und Fliesenbildern. Das besondere Flair des Ortes erschließt sich am besten auf Nebenwegen durch enge Treppengassen.

Vom 14. Jh. bis zum Ende der Monarchie im Jahr 1910 diente der über einem maurischen Vorgängerbau errichtete **Palácio Nacional de Sintra** ★ als königliche Sommerresidenz. Damals war er unter dem Namen **Paço Real** bekannt. Der Komplex wird von den markanten konischen Riesenkaminen der Pa-

Karte S. 132

lastküche überragt, dem Wahrzeichen Sintras.

Die wichtigsten Räume stammen aus der Zeit von König Manuel I. (16. Jh.). Maurische Wohntraditionen spiegelt die Raumfolge um schattige Brunnenhöfe wider, ebenso die halbhohe Wandverkleidung mit Sevillaner Azulejos aus dem 15./16. Jh., die reichste Sammlung ihrer Art in Portugal. An arabischen Vorbildern orientieren sich ebenfalls die geschnitzten Decken, sehr schön zu sehen in der Palastkapelle (Largo Rainha Dona Amélia, www.parquesdesintra.pt, tgl. 9.30–19, Winter bis 18 Uhr, 8,50 €).

Das **MU.SA – Museu das Artes de Sintra** befindet sich im früheren Casino de Sintra, einem imponierenden Jugendstilgebäude von 1920, etwas außerhalb des historischen Zentrums. Zu sehen ist die städtische Sammlung zeitgenössischer Kunst, darunter abstrakte Malerei, Fotografie, Skulpturen, Landschaftsmalerei und die gestiftete Kollektion von Emílio de Paula Campos (1884 bis 1943), einem Lehrer, Maler und Kunstsammler (Avenida Heliodoro Salgado, www.cm-sintra.pt/musa-museu-das-artes-de-sintra, Di bis Fr 10–20, Sa, So 14–20 Uhr, 1 €).

Mitten in der Altstadt honoriert das interaktiv und spannend gestaltete **News Museum** die oft verborgene Arbeit von Journalisten (Rua Visconde de Monserrate 26, www.newsmuseum.pt, tgl. 9.30–19, im Winter bis 18 Uhr, 8 €).

Die Ende des 19. Jhs. vom italienischen Architekten Luigi Manini für den brasilianischen Kakaoplantagenbesitzer Carvalho Monteiro errichtete **Quinta da Regaleira** vereint neogotische und neomanuelinische Elemente mit jenen des Jugendstils. Manini wirkte beim Bau der Mailänder Scala mit. Der Palast steht in einem mystischen Park mit Grotten, Teichen und Fontänen (Rua Barbosa do Bocage, www.regaleira.pt, Feb., März, Okt. tgl. 10 bis 18.30, April–Sept. 10–20, Nov. bis Jan. 10–17.30 Uhr, 6 €).

Info
Posto de Turismo
Hier ist u. a. ein Gratis-Stadtplan erhältlich. Weitere Filiale im Bahnhof.
- Praça da República 23 | Sintra
Tel. 219 231 157
www.sintraromantica.net

Hotels
Hotel Sintra Jardim €€
Villa mit Garten und Pool, schöne Lage.
- Travessa dos Avelares 12
Sintra | Tel. 219 230 738
http://hotelsintrajardim.pt

Hotel Nova Sintra €
In der Altstadt von Sintra nicht weit vom Bahnhof, geräumige Sonnenterrasse.
- Largo Afonso Albuquerque 25
Sintra | Tel. 219 230 220
www.novasintra.com

Zwischenstopp: Restaurant
Tulhas €€
Rustikal in einem historischen Gebäude. Serviert werden z. B. Schmorlamm und Bacalhau. Tgl. 12–22 Uhr.
- Rua Gil Vicente 4 | Sintra
Tel. 219 232 378
http://restaurantetulhas.pt

São Pedro de Sintra

Der Ortsteil São Pedro de Sintra ist beliebtes Wochenendziel, vor allem zur **Feira de São Pedro** an jedem zweiten und vierten Sonntag im Monat (9–18, im Sommer 9 bis 19 Uhr). Im Umkreis des in den Straßen veranstalteten Trödel- und Antikmarktes gibt es auch fest installierte Antiquitätenläden und eine Reihe guter Esslokale.

Zwischenstopp: Restaurant
Toca do Javali €€
Spezialitäten des Gartenrestaurants in São Pedro de Sintra sind Wildschwein und Hirsch. Mi gschl.
• Rua 1° de Dezembro 16-B | Sintra | www.tocadojavali.com

Castelo dos Mouros

Mehrere Wanderwege führen hinauf zum Castelo dos Mouros. Einer führt vorbei an der gotischen **Igreja de Santa Maria**. Noch schöner ist der neu angelegte Pfad über das Gelände der **Vila Sassetti** hinauf zur Burg: Er schlängelt sich von der Altstadt Sintras über das Anwesen, das an eine Villa aus der Lombardei erinnert. Der Architekt Luigi Manini baute den verspielten Landsitz Ende des 19. Jhs. im Auftrag des italienischen Hoteliers Vitor Sassetti (1851–1915). Nun ist das Gelände für Besucher zugänglich (tgl. 10–18, im Winter 9–17 Uhr, Eintritt frei).

Abgesehen von den Wanderwegen ist die Burg auch per Bus oder mit dem Auto über die Straße Sintra–Pena zu erreichen. 1147 wurde die maurische Festung von Afonso Henriques, dem ersten portugiesischen König, erobert – ein entscheidender Schritt auf dem Weg zur vollständigen Reconquista. Die sich um Felskämme windende Burgmauer ist gut erhalten. Vom Wehrgang bietet sich ein beeindruckender Blick bis zum Tejo und zum Cabo da Roca (März–Mitte Okt. 9.30–20, sonst 10–18 Uhr, 6,50 €).

Palácio da Pena ★

Auf der höchsten Felsspitze der Serra de Sintra thront der Palácio Nacional da Pena. Mit dem Bau über einer verfallenen Klosteranlage aus manuelinischer Zeit begann der deutsche Architekt Baron Eschwege 1840 im Auftrag des Prinzgemahls der portugiesischen Königin Maria II., Ferdinand von Sachsen-Co-

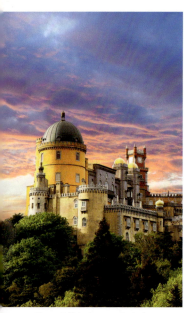

Sintras Palácio da Pena gilt als das portugiesische Neuschwanstein

burg-Gotha (Dom Fernando), der bis zu seinem Tod 1885 Unsummen in das Projekt steckte. Die Räume mit ihrer teils bizarren Ausstattung sind genauso belassen, wie die letzte Bewohnerin, Königin Amélia, sie 1910 bei ihrer Flucht ins Exil hinterließ. **50 Dinge** ㉚ › **S. 15**. (Estrada da Pena, Ende März–Okt. tgl. 9.45 bis 19 Uhr, Terrassen bis 19.30, sonst 10–18 Uhr, Park/Palast ab 11,50 €).

Weit über die Berghänge erstreckt sich der 270 ha große **Parque da Pena** mit Rosengärten, einem tropischen Baumfarntal, Teichen, exotischen Pavillons, einem dunklen Forst aus ostasiatischen Nadelbäumen und dem verspielten **Chalet da Condessa D'Edia** (Park und Chalet Ende März–Okt. tgl. 9.30–20, sonst 10–18 Uhr, Chalet + 2 € zum Eintritt Park und Palácio da Pena).

Palácio de Monserrate

Diesen maurisch-gotisch-indischen Palast, ein märchenhaftes Beispiel für den viktorianischen Orientalismus, ließ der englische Textilmagnat Sir Francis Cook in den 1860er-Jahren errichten. Vor allem der Park erlangte Berühmtheit als Symbol des romantischen Sintra. Von den ursprünglich 3000 gepflanzten exotischen Arten haben verschiedene Baumriesen, Kamelienalleen, Azaleenhaine sowie schöne Baumfarne bis heute überlebt (Ende März–Okt. tgl. 9.30–20, sonst 10–18 Uhr, Palast bis 19 bzw. 17 Uhr, 6,50 €).

Convento dos Capuchos

Ein Idyll im Wald ist das ehemalige, kleine Kapuzinerkloster, 1560 von

Märchenhafter Palácio de Montserrate

Álvaro de Castro in Erfüllung eines Gelübdes seines Vaters erbaut. Die winzigen, unter Felsüberhängen eingerichteten Zellen zeugen von der bescheidenen Lebensführung der dem Franziskanerorden angehörenden Mönche. Die asketische Strenge wird nur in der Klosterkapelle durchbrochen, die mit blauen Fliesen ausgekleidet ist (Ende März bis Okt. tgl. 9.30–20, sonst 10 bis 18 Uhr, 5 €).

Hotel

Tivoli Palácio de Seteais €€€
Luxuriöses Palasthotel in Miradouro-Lage mit Freskenräumen (19. Jh.).
• Rua Barbosa du Bocage 8 | Sintra
Tel. 219 233 200
www.tivolihotels.com

Rokokopalast von Queluz 14 ★

> **Lissabon › Queluz**
>
> **Karte:** Seite 132
> **Dauer:** 1 Tag
> **Praktische Hinweise:**
> • Queluz liegt an der Bahnlinie Lissabon–Sintra › S. 30, Fahrzeit 15 Min.

Am Rand der gleichnamigen Stadt liegt der **Palácio Nacional de Queluz**. Mit dem Bau eines der größten Rokokoschlösser Europas wurde 1747 begonnen. Das »portugiesische Versailles« gab Prinz Pedro, ein Bruder des Königs, als Sommerresidenz in Auftrag. 1760 heiratete er seine Nichte Maria (ab 1777 Königin Maria I.), sodass auch er König wurde. Interessanter als das stuckverzierte Innenleben des Palácio ist sein **Park**. Die streng geometrische, terrassenförmige Gartenanlage, für die der französische Architekt Jean Baptiste Robillion ebenso wie für Teile des Palastes verantwortlich zeichnete, zieren aus Italien und England importierte Vasen, Marmor- und Bleistatuen sowie vielfarbige Azulejo-Bilder. Gliedernde Elemente sind Buchsbaumhecken, Teiche und Wasserspiele (Largo do Palácio Nacional, www.parquesdesintra.pt, Ende März bis Okt. tgl. 9–19, sonst 9–18 Uhr, Palast/Gärten 8,50 €).

Hotel

Pousada Palácio de Queluz €€€
Stilvolle Unterkunft in einem Trakt des Palastes, der früher der königlichen Wache vorbehalten war. In der ehemaligen Palastküche, der Cozinha Velha, kann man mittags wie abends feudal speisen.
• Tel. 214 356 158 | www.pousadas.pt

Verspieltes Rokokoschloss von Queluz

Klosterschloss von Mafra 15 ★

> **Lissabon › Mafra**
>
> **Karte:** Seite 132
> **Dauer:** 1 Tag
> **Praktische Hinweise:**
> - Von Lissabon ab Ⓜ Campo Grande starten Busse der Gesellschaft Mafrense (www.mafrense.pt) etwa stündlich, Fahrzeit ca. 1 Std.

Der **Palácio Nacional de Mafra**, als Palast- und Klosteranlage mit Basilika konzipiert, war ein gigantisches Bauprojekt (1707–1750) des absolutistischen Barockkönigs João V., das den spanischen Escorial in den Schatten stellen sollte. Finanzieren konnte er es mit Gold und Diamanten aus der damaligen Kolonie Brasilien. Hinter der Hauptfassade verbergen sich 156 Treppenhäuser und 1200 Räume, die kaum jemals bewohnt waren. Der Architekt war der aus Deutschland stammende Johann Friedrich Ludwig, genannt Ludovice › S. 94. In der Bauhütte von Mafra wurde eine Generation portugiesischer Baumeister ausgebildet, etwa Portugals größter Barockbildhauer Machado de Castro › S. 60.

Die interessantesten Räume sind die des **Klosters**, in dem 300 Mönche lebten, insbesondere die **Apotheke** und die **Bibliothek** mit rund 35000 Bänden, darunter alten Handschriften und Erstausgaben – ein Hort abendländischen Wissens. In der komplett mit Marmor ausgekleideten **Basilika** verdienen die italienischen Heiligenfiguren (18. Jh.) besondere Beachtung, ebenso wie die sechs (!) Orgeln, für die eigens geschaffene Partituren existieren, die nur in der Kirche von Mafra ausgeführt werden können (Terreiro Dom João V., www.palaciomafra.pt, Mi–Mo 9.30–17.30, Basilika tgl. 9.30–13, 14–17.30 Uhr, 6 €, jeden 1. So im Monat frei, Info Orgelkonzerte: Tel. 261 817 5590).

Im Roman **Das Memorial** des Nobelpreisträgers **José Saramago** ist nachzulesen, wie 50000 Männer für den Bau des Klosterschlosses zum Frondienst gezwungen und von den Aufsehern mitleidlos geschunden wurden.

Info
Posto de Turismo de Mafra
- Avenida das Forças Armadas 28 (neben dem Palast) | Mafra
  Tel. 261 817 170
  www.cm-mafra.pt

Der imposante Klostertrakt von Mafra

Extra-Touren

 ## Ein Wochenende in Portugals Hauptstadt

Verlauf: Praça do Comércio › Baixa › Chiado › Alfama › Sé › Castelo de São Jorge › Fahrt mit dem Eléctrico durch die Altstadt › Besuch eines Fadolokals in der Alfama oder im Bairro Alto › Belém › Parque das Nações mit Oceanário de Lisboa › Restaurantbesuch

Karte: Faltkarte
Praktische Hinweise:
Zwei volle Tage sollten Sie für Lissabon zur Verfügung haben. Daher empfiehlt es sich, die Anreise für Freitag und die Rückreise für Montag zu planen. Quartier beziehen Sie am besten in zentraler Lage, um zeitraubende Anfahrten zu vermeiden.

1. Tag: Wer mag, kann sich bereits am Freitag, am Abend des Ankunftstages, ins Lissabonner Nachtleben stürzen. Zumindest lohnt ein erster Rundgang über die abends stimmungsvoll beleuchtete **Praça do Comércio** › S. 84 und durch die **Baixa** › S. 80, wo man in typischen Restaurants ein gepflegtes Dinner einnehmen kann.

2. Tag: Den Vormittag des zweiten Tages, Samstag, sollten Sie dem **Chiado** › S. 89 widmen, dessen Geschäftsstraßen sich dann beleben. Ein besonderes Erlebnis ist hier die Einkehr in einem der nostalgischen Literatencafés. Gegen Mittag schließen einige Läden der Innenstadt für den Rest des Wochenendes. Jetzt ist es Zeit, die Gassen der **Alfama** › S. 73 zu durchstreifen, gegrillte Sardinen in einem der typischen Lokale zu verspeisen, anschließend der ehrwürdigen Kathedrale **Sé** › S. 71 einen Besuch abzustatten, die Aussicht vom **Castelo de São Jorge** › S. 72 zu genießen und bei einer Fahrt mit der historischen Straßenbahn den Rest der Altstadt zu erkunden. Abends ist dann wiederum Nightlife angesagt. Keinesfalls sollten Sie den Besuch eines Fadolokals versäumen, entweder in der Alfama oder im **Bairro Alto** › S. 95. Dort ist auch der nächtliche Blick vom **Miradouro São Pedro de Alcântara** › S. 94 nicht zu verachten.

3. Tag: Folgen Sie am Sonntag den Lissabonnern, die dann Ausflüge in die Umgebung der Stadt unternehmen, nach **Belém** › S. 119. Vermutlich werden Sie einen Großteil des Tages hier verbringen, denn der noble Vorort ist überreich mit Sehenswürdigkeiten ausgestattet. Zum Pflichtprogramm gehören

Falt-karte Tour 9: Fünftägige Städtereise **Extra-Touren**

Vom Castelo de São Jorge eröffnet sich ein weiter Blick über die Stadt und den Tejo

das **Mosteiro dos Jerónimos** › S. 120, ein gewaltiges, reich im Stil der Manuelinik verziertes Kloster, und der Seefahrerturm **Torre de Belém** › S. 124 an der Einfahrt zum Tejo. Wenn noch Zeit bleibt, sollten Sie am Nachmittag per Metro zum **Parque das Nações** › S. 130, dem ehemaligen EXPO-Gelände am anderen Ende der Stadt, hinausfahren. Hier frönen die Stadtbewohner auch am Wochenende fast durchgehend dem Shopping-Vergnügen. Hauptattraktion ist das **Oceanário de Lisboa** › S. 131, eines der größten Aquarien Europas. Abends ist am Sonntag nicht allzu viel los, etliche Lokale sind gar geschlossen. Genießen Sie zum Abschluss dieses Kurztrips doch einfach die sicher auch nicht zu verachtende Küche Ihres Hotels oder lassen Sie sich von der Rezeption ein geöffnetes Lokal in der Nähe empfehlen.

 Fünftägige Städtereise Lissabon

Verlauf: **Altstadt** › **Baixa** › **Bairro Alto** › **Chiado** › **westliche Innenstadt** › **Museu Nacional de Arte Antiga** › **Mercado da Ribeira** › **Belém** › **Nachtleben im Bairro Alto** › **Sintra** › **Parque das Nações**

Karte: Faltkarte
Praktische Hinweise:
Günstige Flüge gibt es oft mitten in der Woche, während die Hotels meist vergünstigte Wochenendpakete anbieten. Ideal ist ein Aufenthalt von Mittwoch bis Sonntag. Reisen Sie am Morgen an, um schon am späteren Vormittag Ihr Quartier beziehen zu können, das auch außerhalb des Zentrums liegen kann, denn Sie haben genügend Zeit, um die wichtigsten Ziele in und um Lissabon mit öffentlichen Verkehrsmitteln anzusteuern. Die Rückreise erfolgt am besten am Sonntagabend.

Extra-Touren Tour 9: Fünftägige Städtereise

Den **1. Tag** (Mittwoch) widmen Sie am besten der **Altstadt** › S. 68. Danach lohnt ein Streifzug durch die **Baixa** › S. 80 mit anschließendem Abendessen.

Am **2. Tag** (Donnerstag) beschäftigen Sie sich dann in aller Muße mit der **Oberstadt** › S. 89, am Vormittag vielleicht mit dem **Chiado** › S. 89. Danach bietet sich ein Besuch in einem der Esslokale des Parlamentsviertels an, bevor es per Straßenbahn in die **westliche Innenstadt** › S. 99 geht. Dort sollten Sie das **Museu Nacional de Arte Antiga** › S. 102 keinesfalls versäumen.

Schlendern Sie am **3. Tag** (Freitag) durch den **Mercado da Ribeira** › S. 86, die schöne städtische Markthalle, und fahren Sie danach nach **Belém** › S. 119, um das prächtige **Mosteiro dos Jerónimos** › S. 120, Museen und Parks ausgiebig zu besichtigen. Abends treffen Sie in den Restaurants des **Bairro Alto** › S. 95 viele junge Lissabonner, die den Beginn des Wochenendes feiern, und haben vielleicht auch Gelegenheit, den berühmten Fado zu hören.

Den **4. Tag** (Samstag) sollten Sie für einen Ausflug in die königliche Sommerfrische **Sintra** › S. 139 mit ihren romantischen Palästen und Gärten, einem eigenen kühleren Mikroklima und üppiger Flora reservieren – besonders an heißen Sommertagen eine erfrischende Abwechslung. Abends geht es dann vielleicht in eines der traditionellen Bierlokale Lissabons, z. B. die mit schönen Azulejos geschmückte **Cervejaria Trindade** › S. 35, 92.

Den **5. Tag** (Sonntag) verbringen Sie im **Parque das Nações** › S. 130, mit vielen Attraktionen, bevor am Abend die Rückreise auf dem Programm steht.

Das Bairro Alto – beliebtes Ausgehviertel für lange Nächte

Tour 10: Ungewöhnliche Verkehrsmittel **Extra-Touren**

Mit ungewöhnlichen Verkehrsmitteln unterwegs

Verlauf: Eléctrico 28: Praça do Comércio › Sé › Alfama › Mouraria › Praça da Figueira; **Ascensor do Lavra:** Jardim do Torel; **Ascensor da Glória:** Miradouro São Pedro de Alcântara › Chiado; **Elevador de Santa Justa:** Bairro Alto; **Ascensor da Bica:** São Paulo; **Eléctrico 25:** Praça do Comércio › Oriente › Parque das Nações › Telecabine

Karte: Faltkarte
Praktische Hinweise:
Diese Tour nimmt zwei Tage in Anspruch. Von ihr angesprochen fühlen werden sich vor allem Nostalgiker, die Spaziergänge durch die Stadt mit Fahrten per historischer Straßenbahn *(eléctrico),* verschiedenen Standseilbahnen *(ascensores)* und einem Aufzug *(elevador)* von 1901 miteinander kombinieren möchten. Aber auch ein modernes Verkehrsmittel ist dabei, die Seilbahn im Parque das Nações. All diese Verkehrsmittel lassen sich mit der Viva-Viagem-Tageskarte (6 €) nutzen.

Am **1. Tag** steht die Rundfahrt mit dem berühmten **Eléctrico 28** durch die Altstadt auf dem Programm. 50 Dinge ① › S. 12. Steigen Sie an der **Praça do Comércio** › S. 84 zu. Von dort rattert die altertümliche Straßenbahn zur **Sé** › S. 71 hinauf und weiter durch die **Alfama** › S. 73. Nächste Etappe ist das ursprüngliche Viertel **Graça** › S. 77. Schließlich rumpeln die Waggons abwärts durch die engen Straßen der **Mouraria** › S. 78, des alten Maurenviertels. Bevor Sie die Bahn in der Nähe der Praça da Figueira verlassen, können Sie die Fahrt jederzeit unterbrechen, um Abstecher zu den Sehenswürdigkeiten der Altstadt zu unternehmen. Nach dem Mittagessen – vielleicht in der originellen **Casa do Alentejo** › S. 110 – laufen Sie in ca. 15 Min. zur Talstation des **Ascensor do Lavra** › S. 110. Die Standseilbahn von 1884 bringt Sie zum **Jardim do Torel** › S. 112 mit großartigem Blick nach Westen über die Avenida da Liberdade hinweg zur Oberstadt. Fahren Sie wieder hinunter und gehen Sie ca. 5 Min. zum **Ascensor da Glória** › S. 94 hinüber. Mit diesem gelangen Sie zum **Miradouro São Pedro de Alcântara** › S. 94 mit fantastischer Aussicht. Anschließend können Sie sich dem angrenzenden Literatenviertel **Chiado** › S. 89 widmen und in einem der dortigen Cafés einkehren.

Am **2. Tag** fahren Sie mit dem **Elevador de Santa Justa** › S. 82, dem von einem Eiffel-Schüler installierten Eisenaufzug, zum **Chiado** › S. 89 hinauf. Nach einem Bummel durch das **Bairro Alto** › S. 95 steht eine dritte Standseilbahn auf dem Programm, der **Ascensor da Bica** › S. 100 (ab Elevador de Santa Justa direkter Weg ca. 10 Min.). Mit diesem gleiten Sie abwärts in das Stadtviertel

Extra-Touren Tour 11: Kunstvolle Fliesen

São Paulo › S. 100, wo Sie Anschluss an den **Eléctrico 25** haben. Fahren Sie bis zur Praça do Comércio, dort können Sie das Restaurant **Martinho da Arcada** › S. 38, 86 besuchen. Per Metro geht es anschließend ab Terreiro do Paço zur aufwendig mit Azulejos dekorierten Station **Oriente** › S. 131. Im **Parque das Nações** › S. 130 schweben Sie mit der Seilbahn **Telecabine** › S. 131 am Tejo-Ufer entlang und genießen den Blick über das ehemalige EXPO-Gelände.

Kunstvolle Fliesen – eine Thementour

Verlauf: Palácio dos Marqueses de Fronteira › Museu Nacional do Azulejo › Oriente › Igreja São Roque › Cervejaria Trindade

Karte: Faltkarte
Praktische Hinweise:
Für diese Tour sollten Sie sich einen kompletten Tag Zeit nehmen. Sonntag und Montag oder Feiertage kommen wegen der Öffnungszeiten nicht in Frage.

Am Vormittag fahren Sie zum **Palácio dos Marqueses de Fronteira** (Anfahrt › S. 133), der überreich mit Azulejos aus der Barockzeit (17. Jh.) geschmückt ist. Im Garten sind sie zu Bildern zusammengesetzt, in deren Mittelpunkt die Jahreszeiten stehen; an der Veranda karikieren sie das Leben von König und Adel der damaligen Zeit, dargestellt mit Affengesichtern. Nächstes Ziel ist das **Museu Nacional do Azulejo** (Anfahrt › S. 128). Hier erfahren sie interessante Details zur Herstellung und Geschichte der portugiesischen Fliesen. Moderne Azulejos sind in der Metrostation **Oriente** › S. 131 zu bestaunen.

Vom Rossio gleiten Sie mit dem Ascensor da Glória ins Chiado-Viertel hinauf, wo Sie vor 17 Uhr eintreffen sollten, um die in Majolikatechnik bemalten Azulejos in der **Igreja de São Roque** › S. 93 zu bewundern. Die Renaissance-Fliesen (16. Jh.) zählen zu den ältesten aus Lissabonner Werkstätten.

Nun steht die Einkehr in Lissabons berühmtestem Bierlokal, der **Cervejaria Trindade** an › S. 35, 92. Allegorische Motive aus dem 19. Jh. zieren die Fliesenwände im Speisesaal.

Fliesenbilder in der Cervejaria Trindade

Infos von A–Z

Ärzte und Apotheken
Bei der Deutschen Botschaft kann man deutschsprachige Ärzte erfragen. Die Notaufnahme *(urgência)* des Hospitals Santa Maria (Av. Egas Moniz) steht für Notfälle bereit. Gesetzlich Krankenversicherte lassen sich gegen Vorlage der europäischen Krankenversicherungskarte (EHIC) behandeln. Eine Reisekrankenversicherung garantiert freie Arztwahl und Rücktransport im Notfall.

Apotheken *(farmácias)* sind meist Mo–Fr 9–20, Sa bis 13 Uhr geöffnet; Sonntagsdienste sind an den Apotheken angeschrieben.

Barrierefreies Reisen
Die engen, steilen Gassen der Altstadtviertel und das hügelige Stadtbild machen den Charme Lissabons aus. Für Rollstuhlfahrer sind die Unebenheiten und steilen Wege jedoch teilweise ein Problem. Die öffentlichen Verkehrsmittel wie Metro und Bus, einschließlich der Hop-On/Hop-Off-Busse, sind zunehmend barrierefrei gestaltet. Viele Sehenswürdigkeiten wie Museen, Kirchen, Parks oder der Elevador do Carmo sind für Rollstuhlfahrer zugänglich. In Lissabon gibt es eine gute Auswahl an barrierefreien Hotelzimmern oder Ferienwohnungen.

Diebstahl
Lissabon ist eine der sichersten Metropolen Europas, aber auch hier sind Taschendiebe und Autoknacker unterwegs. Deshalb gilt: Aufpassen, vor allem in den Straßenbahnen und nichts im Auto liegen lassen! Anzeigen erstattet man bei der Wache der **Touristenpolizei PSP**, im Palácio Foz neben dem Turismo, Praça dos Restauradores, Tel. 213 421 634.

Diplomatische Vertretungen
- **Deutsche Botschaft**
  Campo dos Mártires da Pátria 38
  Tel. 218 810 210
  www.lissabon.diplo.de
- **Österreichische Botschaft**
  Avenida Infante Santo 43
  Tel. 213 943 900
  www.embaixadadaaustria.pt
- **Schweizerische Botschaft**
  Travessa do Jardim 17
  Tel. 213 944 090
  www.eda.admin.ch/lisbon

Elektrizität
Die Netzspannung beträgt 220 Volt, die Steckdosen entsprechen mitteleuropäischem Standard.

Feiertage
- Neujahr (Ano Novo)
- Karfreitag (Sexta-Feira Santa)
- 25. April (Dia da Liberdade)
- 1. Mai (Dia do Trabalho)
- Fronleichnam (Corpo de Deus)
- 10. Juni (Dia de Camões)
- 13. Juni (Dia de Santo António)
- 15. August (Assunção)
- 5. Oktober (Dia da República)
- 8. Dezember (Imaculada Conceição)
- 1. November (Todos-os-Santos)
- 1. Dezember (Dia da Restauração)
- 25. Dezember (Natal, Weihnachten)

Fundbüro
Secção de Achados
Praça Cidade Salazar | Lote 180
Ⓜ Olivais | Mo–Fr 9–12.30, 14–16 Uhr

Geld
Mit EC-Karte (Maestro, VPAY) und PIN kann man an Automaten Bargeld abheben und (ebenso wie mit Kreditkarte) in vielen Hotels, Restaurants, Tankstellen

und Supermärkten bezahlen. VPAY funktioniert nur, wenn ein Chiplesegerät vorhanden ist.

Information
- **In Lissabon:** ask me Palácio Foz, Praça dos Restauradores
Tel. 213 463 314, tgl. 9–20 Uhr;
ask me Terreiro do Paço,
Rua do Arsenal 15,
Tel. 210 312 810, tgl. 9–20 Uhr,
www.visitlisboa.com,
www.askmelisboa.com
- Filialen gibt es u. a. am Rossio, am Flughafen und im Bahnhof Santa Apolónia. In allen Büros bekommt man Infos, einen kostenlosen Stadtplan sowie den Veranstaltungskalender »Follow me Lisboa«.

- **In Deutschland:**
Turismo de Portugal: Zimmerstr. 56, 10117 Berlin, Tel. 030/254 10 60, edt.berlin@turismodeportugal.pt
- **Im Internet:** www.visitportugal.com
info@visitportugal.com

Notruf
- Polizei und Krankenwagen: Tel. 112
- Pannendienst (ACP): Tel. 707 509 510
- Touristenpolizei: Tel. 213 421 623

Öffnungszeiten
- **Geschäfte:** Mo–Fr 9–19, Sa bis 13 Uhr. Die großen Einkaufszentren schließen teilweise erst um 23 Uhr.
- **Postämter:** Mo–Fr 9–18 Uhr; Hauptpostamt, Praça dos Restauradores: 8.30–22 Uhr, Sa 9–18 Uhr.

GUT ZU WISSEN

Turismo de Lisboa bietet eine Reihe von Karten an (www.askmelisboa.com), die den Aufenthalt in der Stadt günstiger und einfacher gestalten:
- Die **Lisboa Card** gilt für einen Tag (18,50 €, Kinder bis 15 Jahre 11,50 €), zwei (31,50 bzw. 17,50 €) oder drei Tage (39 bzw. 20,50 €). Damit können alle öffentlichen Verkehrsmittel (z. B. auch nach Cascais oder Sintra) gratis benutzt werden. Enthalten ist auch der Eintritt in wichtige Museen und Sehenswürdigkeiten. Andere Museen geben bis zu 50 % Rabatt.
- Wer beim Einkaufen und Einkehren sparen möchte, dem sei die **Lisboa Eat & Shop Card** empfohlen (72 Std., 6 €). Bei Vorlage dieser Karte gewähren über 100 traditionelle und trendige Geschäfte Preisnachlasse, in über 30 teilnehmenden Restaurants (darunter auch Fado-Lokale) gibt es mindestens 10 % Rabatt.
- Mit dem **Táxi Voucher** kann die Fahrt vom Flughafen ins Hotel im Voraus bezahlt werden. Man hat so die Garantie auf einen festen Preis (Verkauf am ask-me-Schalter am Flughafen, im Zentrum oder online: www.askmelisboa.com).
- **Für Autofahrer:** Die Verkehrssituation in der Stadt ist mit anderen Großstädten vergleichbar, Tiefgaragen und Parkhäuser sind sehr teuer. Parken Sie am Straßenrand, zahlen Sie zur Parkgebühr oft noch ein Trinkgeld (0,50–1 €) an die selbst ernannten Parkeinweiser. Alle Ziele in/um Lissabon sind gut mit öffentlichen Verkehrsmitteln zu erreichen. **50 Dinge** ㊿ › S. 17.
- Beim **Einsteigen in Busse** oder allgemein beim Schlangestehen verhalten sich die Portugiesen sehr diszipliniert. Es gibt kein Drängeln, man reiht sich ein und wartet. Im Bus steigt man vorne ein, wo das Lesegerät für die Chipkarte steht.

Infos von A–Z

Brücke der Superlative: Ponte Vasco da Gama

Telefon

Ortsvorwahlnummern gibt es nicht. Alle Teilnehmernummern sind neunstellig. Die Festnetznummern in Lissabon beginnen mit 21, Mobilnummern mit 9.

Das **Mobilfunknetz** ist flächendeckend, GSM-Handys funktionieren problemlos. Roamingfähige Handys wählen sich automatisch in eines der portugiesischen Netze ein.

Vorwahlen:
- Deutschland 00 49; Österreich 00 43; Schweiz 00 41
- Portugal 0 03 51

Trinkgeld

Trinkgeld ist im Restaurant, Hotel oder bei Taxifahrten üblich. 5–10 % des Rechnungsbetrages sind durchschnittlich angemessen. Gepäckträger erwarten ca. 1 €/Koffer, Zimmermädchen ca. 1 € pro Tag/Zimmer.

Zeit

In Lissabon gilt die Westeuropäische Zeit (WEZ), d. h. ganzjährig bei Ankunft die Uhr um eine Stunde zurückstellen, auch während der Sommerzeit.

Zollbestimmungen

Waren des persönlichen Gebrauchs können innerhalb der EU-Länder zollfrei ein- und ausgeführt werden. Als Richtmengen pro Person gelten: 800 Zigaretten, 200 Zigarren, 90 l Wein, 10 l Spirituosen.

Bei Einreise in die Schweiz gelten folgende Freimengen pro Person über 18 Jahre: 1 l mit mehr oder 2 l Spirituosen mit weniger als 15 Vol.-% Alkoholgehalt, 200 Zigaretten oder 100 Zigarillos oder 50 Zigarren oder 250 g Tabak, 500 g Kaffee und 50 g Parfüm sowie Souvènirs bis zum Wert von 175 € bzw. 300 CHF.

Urlaubskasse	
Espresso (uma bica)	0,75–1 €
Milchkaffee (galão)	ca. 1,50 €
Softdrink	ca. 1,50 €
Glas Bier	1,50–2 €
Pastéis de nata	ab 0,75 €
Eis	1,50 €
Taxifahrt (pro km)	ca. 1 €
Mietwagen/Tag	ab 20 €

Register

A Brasileira, Café 38, 89
Afonso Henriques 50, 71, 75, 142
Águas Livres 107
Alfama **73**
Almada Negreiros, José 60, 105
Alto de Monsanto 56
Amália Rodrigues 77
Amélia, Dona 125, 143
Amoreiras 106
Antonius von Padua, hl. 63, 72
Apotheken 151
Araújo, Rosa 112
Arco da Rua Augusta 84
Arruda, Francisco de 124
Ärzte 151
Ascensor da Bica 27, 100, 149
Ascensor da Glória 27, 94, 149
Ascensor do Lavra 27, 110, 149
Avenida da Liberdade 55, **112**
Avenidas Novas 56
Azenhas do Mar 139
Azulejos 40, 59, 61, 128, 150

B airro Alto 44, **95**
Bairro Arco do Cego 56, 118
Bairro da Estrela d'Ouro 78
Basílica da Estrela 104
Belém **119**
Berardo, Joe (José) 59, 123, 124
Bessa Luís, Agustina 58
Bevölkerung 49
Bica 100
Boca do Inferno 137

Bordalo Pinheiro, Rafael 93, 106, 132
Bosch, Hieronymus 103
Boytac, Diogo 121

C abo da Roca 138
Cacilhas 44
Caetano, Marcelo 51
Cafés 38
Cais do Sodré 27, **86**
Caixa Geral de Depósitos 116
Camões, Luís de 57, 58, 89, 122, 124, 138
Campo de Ourique 105
Campo de Santa Clara 76
Campo dos Mártires da Pátria 110
Campo Grande **129**
Campo Pequeno 116
Cardoso Pires, José 58
Carlos I. 51, 85, 126
Casa do Alentejo 110
Casa dos Bicos 69
Casa Fernando Pessoa 106
Casa Museu Amália Rodrigues 65, 97
Casa-Museu Dr. Anastácio Gonçalves 116
Casa-portuguesa-Stil 56, 118
Cascais 30, **135**
Castelo de São Jorge **72**, 77
Castilho, João de 122
Castro, Álvaro de 143
Cemitério dos Prazeres 105
Centro Comercial Amoreiras 106
Centro Cultural de Belém 123
Centro de Arte Moderna 114

Cervejarias 34
Cervejaria Trindade 35, 92
Chafariz d'El Rei 74
Chanterène, Nicolas de 122
Chiado **89**
Chiado, António Ribeiro 89
Coelho, Pedro Passos 52
Coliseu dos Recreios 110
Conde Barão 101
Cordeiro, Arsénio 116
Costa, António 48, 52
Costa da Caparica 30
Costa do Estoril 30, 136
Culturgest 63, 116

D ias, Bartolomeu 50, 124
Diebstahl 151
Dinis 50
Diplomatische Vertretungen 151
Direitinho, José Riço 59
Docas de Santo Amaro 44

E léctrico 28, 29, 149
Elevador de Santa Justa 27, **82**, 149
Ericeira 30
Ermida de São Gens e de Nossa Senhora do Monte 78
Eschwege, Baron 142
Estação Ferroviária do Rossio 30, 109
Estação Fluvial Terreiro do Paço 85
Estádio da Luz 134
Estádio José Alvalade 134
Estoril 30, **135**

Register

Fábrica dos Pastéis de Belém 39, 124
Fado 64, 75
Fähren 27
Feiertage 151
Feira da Ladra 76
Ferdinand von Sachsen-Coburg-Gotha (Dom Fernando) 140, 142

Gama, Vasco da 50, 120, 122, 124
Gare do Oriente 131
Garrett, Almeida 89
Goethe-Institut 112
Golf 30
Graça **77**
Gulbenkian, Calouste 59, 109, **114**

Heinrich der Seefahrer 50, 59, 103, 120, 122, 124
Hospital de São José 112

Igreja Conceição Velha 86
Igreja da Encarnação 92
Igreja de Loreto 92
Igreja de Santa Engrácia 76
Igreja de São Domingos 81
Igreja de São Miguel 73
Igreja de São Roque 93
Igreja de São Vicente de Fora **75**
Igreja do Carmo 93
Igreja dos Marianos 103
Igreja dos Mártires 89
Igreja Santo António 72
Igreja Santos-o-Velho 102
Information 152
Instituto Superior Técnico 118

Jardim Botânico 60, **98**
Jardim Botânico da Ajuda 126

Jardim Botânico Tropical 60, 125
Jardim da Cerca da Graça 78
Jardim da Estrela 60, 105
Jardim das Amoreiras 106
Jardim do Torel 77, 112
Jardim Zoológico (Zoo) 29
João I. 50
João III. 50, 122
João V. 51, 94, 145
Jorge, Lídia 59
José I. 85, 126
Junior, Norte 56

Kinder 28
Kunsthandwerk 41, 61

Lalique, René 115
Lapa 103
Largo da Rosa 78
Largo das Portas do Sol 73
Largo de São Paulo 100
Largo do Carmo 93
Largo do Chiado 92
Largo do Rato 99
Largo Martim Moniz 78
Lisboa Story Centre 85
Literatur 57
Lobo Antunes, António 58
Lourenço, Eduardo 58
Ludovice (Ludwig, Johann Friedrich) 94, 145
Luís Filipe 51, 86

Machado de Castro, Joaquim 60, 71, 75, 85, 145
Madragoa 101
Mãe d'Água das Amoreiras 106
Mafra 58, **145**
Manuel I. 50, 53, 121, 122, 124
Manuel II. 51
Manuelinik 53, 121
Maria I. 85, 104
Maria II. 142

Märkte 40
Martins, Dr. Sousa 112
Medina, Fernando 48
Mercado da Ribeira 40, **86**
Mesnier de Ponsard, Raoul 82
Miradouro da Graça 77, 78
Miradouro de Santa Catarina 100
Miradouro de Santa Luzia 72, 77
Miradouro do Monte 77, 78
Miradouro São Pedro de Alcântara 77, 94
Modernismo 56
Monsanto 133
Monteiro, Pardal 113, 118
Mosteiro dos Jerónimos 29, 54, **120**
Mouraria **78**
Museo do Fado 59
Museu Arpad Szenes – Vieira da Silva 106
Museu Calouste Gulbenkian 59, **114**
Museu Colecção Berardo 59, 124
Museu da Água 29, 129
Museu da Marioneta 29, 102
Museu de Arquitetura, Arte e Tecnología (MAAT) 125
Museu de Arte Popular 124
Museu de Lisboa 129
Museu de Lisboa – Santo Antonio 72
Museu de Marinha 59, 123
Museu de São Roque 94
Museu do Chiado (MNAC) 90
Museu do Fado 65, 75
Museu do Oriente 103

155

Register

Museu-Escola de Artes Decorativas 73
Museu Histórico e Etnográfico da Sociedade de Geografia de Lisboa 110
Museu Nacional de Arqueologia 123
Museu Nacional de Arte Antiga (MNAA) 59, **102**
Museu Nacional de História Natural e da Ciência 98
Museu Nacional do Azulejo 59, 128
Museu Nacional dos Coches 29, 125
Museu Nacional do Teatro (MNT) 133
Museu Nacional do Traje e da Moda 59, 133
Museu Rafael Bordalo Pinheiro 132

Nelkenrevolution 52
Notruf 152
Núcleo Museológico da Rua dos Correeiros 84

Oceanário de Lisboa 28, 131
Öffnungszeiten 152

Paços do Concelho 86
Padrão dos Descobrimentos 124
Palaçano, Guedelha 95
Palácio Azurara 73
Palácio de São Bento 97
Palácio dos Carvalhos 96
Palácio dos Marqueses de Fronteira 60, 135, 150
Palácio Galveias 116
Palácio Ludovice 94
Palácio Nacional da Ajuda 126
Parque das Nações 28, **130**

Parque Eduardo VII. 60, 114
Parque Florestal de Monsanto 29, 133
Parque Mayer 113
Pavilhão do Conhecimento – Ciência Viva 28, 130
Pessoa, Fernando 38, 58, 86, 89, **92**, 106
Pombal, Marquês de 51, 54, 80, **85**, 96, 114
Ponte do 25 de Abril 56
Ponte Vasco da Gama 57
Praça da Figueira 81
Praça das Flores 97
Praça do Comércio **84**
Praça do Império 123
Praça do Príncipe Real 95
Praça dos Restauradores 109
Praça Duque de Saldanha 115
Praia das Maçãs 30, 139
Praia do Guincho 137

Queirós, Eça de 56, 58, 89
Queluz **144**
Quinta do Monteiro Mor 132
Quiosque do Tivoli 112

Real Fábrica de Tapices 116
Rego, Paula 60
Rodrigues, Amália 64, 97
Romantismo 55
Rossio 81
Rua Augusta 83
Rua das Portas de Santo Antão 110
Rua Garrett 89
Rua Vieira Portuense 124

Saldanha 115
São Bento 97
São Paulo 100

Saramago, José 58, 71, 145
Sé 71
Sebastião 93
Severa Onofriana, Maria 64, 78
Sintra **139**
• Castelo dos Mouros 142
• MU.SA – Museu das Artes de Sintra 141
• News Museum 141
• Palácio Nacional da Pena 142
• Palácio Nacional de Sintra (Paço Real) 140
• Quinta da Regaleira 141
• Vila Sassetti 142
Soares, Mario 52
Szenes, Arpad 106

Tafelmalerei 59, 102
Taxis 26, 152
Teatro Nacional de São Carlos 63, 90
Teatro Nacional Dona Maria II 63, 81
Terra, Ventura 56
Terzi, Felipe 75, 93
Torga, Miguel 58
Torre de Belém 29, 54, **124**
Trinkgeld 153

Vergünstigungen 152
Vicente, Gil 57
Vieira da Silva, Maria Helena 60, 106
Vila Berta 77
Vila Rodrigues 77
Vinzenz, hl. 71, 103

Wellenreiten 30
Wilmotte, Jean-Michel 90
Wirtschaft 49

Zoll 153

Impressum

Bildnachweis
Coverfoto Torre de Belém © mauritius images/age fotostock/F. J. Fdez. Bordonada
Fotos Umschlagrückseite © Huber Images/Johanna Huber (links); Shutterstock/54613 (Mitte); laif/Kristensen (rechts)

Alamy/The Print Collector: 102; Corbis/Marco Simoni: 128; Fotolia/Helder Almeida: 9-1; Fotolia/Silvia Antunes: U2-4; Fotolia/ArTo: 88; Fotolia/aroxopt: 62; Fotolia/Boggy: 61; Fotolia/Manuel Fernandes: 153; Fotolia/krasnevsky: 87; Fotolia/mlehmann78: 113; Fotolia/Jose Ignacio Soto: 144; Fotolia/Taiga: 140; Fotolia/TMAX: 51; Fotolia/Pippa West: U2-1; Glowimages/Superstock: 26; Huber Images/Gabriele Cropp: 6/7; Huber Images/Gräfenhain: 79; Huber Images/Johanna Huber: 66/67; Huber Images/Mehlig: 108; Huber Images/Spila Riccardo: 101, 150; Jahreszeiten Verlag/Gregor Lengler: 20/21, 24, 46/47, 64, 73, 76, 136, 147; Jahreszeitenverlag/Gourmet PictureGuide: 31, 35, 37; Jahreszeiten Verlag/Gulliver Theis: 44, 54; laif/Miquel Gonzalez: 17, 96; laif/hemis.fr/Maurizio Borgese: 33; laif/hemis.fr/Jean-Baptiste Rabouan: 115; laif/Hilger: 122; laif/Andreas Hub: 86; laif/Invision/Joao Pedro Marnoto: 41; laif/Malte Jaeger: 40; laif/Kristensen: 9-2; laif/Tuul&Bruno Morandi: 130; laif/Frank Siemers: 148; Susanne Lipps: 8-1; LOOK-foto/age fotostock: 14, 28, 53, 93, 97, 119, 139; LOOK-foto/travelstock44: 94; LOOK-foto/Thomas Peter Widmann: 105, 110, 142; mauritius images/Alamy/downunder: 126; mauritius images/Cubolimages: 98; Pixelio/Bildpixel: 104; Heidrun Reinhard: 24, 133, 135; Shutterstock/Chanclos: 22; Shutterstock/John Copland: 145; Shutterstock/HildaWeges Photography: 125; Shutterstock/ilolab: 10; Shutterstock/Interpixels: 8-2; Shutterstock/Neirfy: 68; Shutterstock/ruigsantos: U2 links unten; Shutterstock/Ververidis Vasilis: 134; Shutterstock/Gubin Yury: 80; Willy G.M.C. van Sompel: 75; stock.adobe.com/saiko3p: 57; stock.adobe.com/samael334: 107; stock.adobe.com/Ttstudio: 84; stock.adobe.com/vichie81: 143; Martin Thomas: 12; Zoltan Urbancsek: 13; Web Gallery of Art: U2-3.

Liebe Leserin, lieber Leser,
wir freuen uns, dass Sie sich für diesen POLYGLOTT on tour entschieden haben.
Unsere Autorinnen und Autoren sind für Sie unterwegs und recherchieren sehr gründlich, damit Sie mit aktuellen und zuverlässigen Informationen auf Reisen gehen können.
Dennoch lassen sich Fehler nie ganz ausschließen. Wir bitten Sie um Verständnis, dass der Verlag dafür keine Haftung übernehmen kann.

Ihre Meinung ist uns wichtig. Bitte schreiben Sie uns:
GRÄFE UND UNZER VERLAG GmbH, Redaktion POLYGLOTT, Grillparzerstraße 12,
81675 München, redaktion@polyglott.de, Tel. 0 89/41 98 19 41
www.polyglott.de

1. aktualisierte Auflage 2017

© 2017 GRÄFE UND UNZER VERLAG GmbH, München

Dieses Buch wurde auf chlorfrei gebleichtem Papier gedruckt.
ISBN 978-3-8464-2039-3

Alle Rechte vorbehalten. Nachdruck, auch auszugsweise, sowie die Verbreitung durch Film, Funk, Fernsehen und Internet, durch fotomechanische Wiedergabe, Tonträger und Datenverarbeitungssysteme jeglicher Art nur mit schriftlicher Genehmigung des Verlages.

Bei Interesse an maßgeschneiderten POLYGLOTT-Produkten:
Verónica Reisenegger
veronica.reisenegger@graefe-und-unzer.de

Bei Interesse an Anzeigen:
KV Kommunalverlag GmbH & Co KG
Tel. 089/928 09 60
info@kommunal-verlag.de

Redaktionsleitung: Grit Müller
Verlagsredaktion: Anne-Katrin Scheiter
Autoren: Heidrun Reinhard, Susanne Lipps, Sara Lier
Redaktion: Annette Pundsack
Bildredaktion: Ulrich Reißer und Nafsika Mylona
Mini-Dolmetscher: Langenscheidt
Layoutkonzept/Titeldesign:
fpm factor product münchen
Karten & Pläne: Gecko-Publishing GmbH und Kunth Verlag GmbH & Co. KG
Satz: Tim Schulz, Mainz, und uteweber-grafikdesign
Herstellung: Anna Bäumner
Druck und Bindung:
Printer Trento, Italien

PEFC/18-31-506

GRÄFE UND UNZER

Ein Unternehmen der
GANSKE VERLAGSGRUPPE

Mini-Dolmetscher Portugiesisch

Allgemeines

Guten Tag.	Bom dia. [bõ **dia**]
Hallo!	Olá! [o**la**]
Wie geht's?	Como está? [**ko**mu ischta]
Danke, gut.	Tudo bem, obrigado (m.) / obrigada (w.). [**tu**du bẽj ubri**ga**du / ubri**ga**da]
Ich heiße ...	Chamo-me ... [**scha**mu me]
Auf Wiedersehen.	Até logo / Adeus. [a**te lo**gu / a**de**·usch]
Morgen	manhã [man**jã**]
Nachmittag / Abend	tarde [**tard**ə]
Nacht	noite [**nojt**ə]
morgen	amanhã [aman**jã**]
heute	hoje [**osch**ə]
gestern	ontem [**õ**tẽj]
Sprechen Sie Deutsch / Englisch?	Fala alemão / inglês? [**fa**la aləmãu / in**glesch**]
Wie bitte?	Como, desculpe? [**ko**mu disch**kulp**ə]
Ich verstehe nicht.	Não entendo. [nãu in**tẽn**du]
Sagen Sie es bitte nochmals.	Se faz favor, repita. [sə fasch fa**wor** re**pi**ta]
Bitte, ...	Se faz favor, ... [sə fasch fa**wor**]
danke	obrigado (m.) / obrigada (w.) [ubri**ga**du / ubri**ga**da]
was / wer / welcher	o que / quem / qual [u ke / kẽj / kwal]
wo / wohin	onde / para onde [**õnd**ə / **pa**ra **õnd**ə]
wie / wie viel	como / quanto [**ko**mu / **kwãn**tu]
wann / wie lange	quando / quanto tempo [**kwãn**du / **kwãn**tu **tẽm**pu]
warum	porquê [**pur**ke]
Wie heißt das?	Como se diz? [**ko**mu sə disch]
Wo ist ...?	Onde está / Onde fica ...? [**õnd**ə ischta / **õnd**ə **fi**ka]
Können Sie mir helfen?	Podia-me ajudar? [pu**di**a mə aschu**dar**]
ja	sim [sĩ]
nein	não [nãu]
Entschuldigen Sie.	Desculpe. [disch**kulp**ə]
Das macht nichts.	Não faz nada. [nãu fasch **na**da]
Gibt es hier eine Touristeninformation?	Há por aqui uma informação turística? [a pur a**ki** uma ĩnfurma**ßãu** tu**risch**tika]

Shopping

Wie viel kostet das?	Quanto custa isto? [**kwãn**tu **kusch**ta **isch**tu]
Das ist zu teuer.	É caro demais. [e **ka**ru də**maisch**]
Das gefällt mir (nicht).	Eu (não) gosto disso. [eu (nãu) **gosch**tu **di**ssu]
Wo ist hier eine Bank?	Onde há um banco? [**õnd**ə a ũ **bãn**ku]
Ich möchte 100 g Käse / zwei Kilo Orangen.	Queria cem gramas de queijo / dois kilos de laranjas. [ke**ri**a sẽj **gra**masch də **kej**schu / dojsch **ki**lusch də la**rãn**schasch]
Haben Sie deutsche Zeitungen?	Tem jornais alemães? [tẽj schur**najsch** alə**mãjsch**]
Wo kann ich telefonieren?	Onde posso telefonar [**õnd**ə **po**ssu telefu**nar**]

Essen und Trinken

Die Speisekarte bitte.	A ementa, se faz favor. [a e**mẽn**ta sə fasch fa**wor**]
Brot	pão [pãu]
Kaffee	café [ka**fe**]
Tee	chá [scha]
mit Milch / Zucker	com leite / açúcar [kõ **lejt**ə / a**ßu**kar]
Orangensaft	sumo de laranja [**ßu**mu də la**rãn**scha]
Suppe	sopa [**ßo**pa]
Fisch / Meeresfrüchte	peixe / mariscos [**pejsch**ə / ma**risch**kusch]
Fleisch / Geflügel	carne / aves [**karn**ə / **aw**əsch]
vegetarisches Gericht	prato vegetariano [**pra**to wəschəta**rja**nu]
Eier	ovos [**ow**usch]
Salat	salada [sa**la**da]
Dessert	sobremesa
Obst	[sobrə**me**sa] fruta [**fru**ta]
Eis	gelado [schə**la**du]
Wein	vinho [**win**ju]
weiß / rot / rosé	branco / tinto / rosé [**brãn**ku / **tĩn**tu / ro**se**]
Bier	cerveja [ser**wesch**a]
Wasser	água [**a**gwa]
Mineralwasser	água mineral [**a**gwa mine**ral**]
mit / ohne Kohlensäure	com gas / sem gas [kõ gas / ßẽj gas]
Limonade	limonada [limo**na**da]
Ich möchte bezahlen.	A conta, se faz favor. [a **kõn**ta, sə fasch fa**wor**]

Meine Entdeckungen

Clevere Kombination mit POLYGLOTT Stickern
Einfach Ihre eigenen Entdeckungen mit Stickern von 1–16 in der Karte markieren und hier eintragen. Teilen Sie Ihre Entdeckungen auf facebook.com/polyglott1.

Checkliste Lissabon

Nur da gewesen oder schon entdeckt?

☐ **Nostalgische Straßenbahn**
Eine Fahrt mit dem Eléctrico Nr. 28 durch die Gassen der Alfama gehört zu jedem Lissabon-Aufenthalt. › S. 12, 149

☐ **Trödelmarkt mit Tradition**
Auf dem berühmten Flohmarkt Feira da Ladra lässt es sich herrlich stöbern und feilschen. › S. 13

☐ **Bildhauerische Pracht**
Die steinernen Verzierungen im Kreuzgang des Klosters vom Belém geben jede Menge Rätsel auf. › S. 15

☐ **Barocke Gartenkunst**
Der Palácio dos Marqueses de Fronteira aus dem 17. Jh. besitzt eine barocke Gartenanlage mit allegorischen Motiven. › S. 135

☐ **Großartige Aussichten**
Von den Miradouros auf den Hügeln Lissabons schweifen die Blicke über die Dächer der Stadt hinweg zum Tejo. › S. 77

☐ **Legendärer Fado**
Den sehnsuchtsvollen Gesang kultivieren viele Altstadtkneipen. Hörproben im Museu do Fado! › S. 75

☐ **Sardinhas vom Grill**
Der Duft gegrillter Sardinen lockt in eines der urigen Lokale in der Alfama, die diese Spezialität frisch vom Rost servieren. › S. 13

☐ **Strandausflug**
Die Promenade zwischen Cascais und Estoril lädt zu einem Spaziergang in frischer Meeresbrise ein. › S. 30, 136

Mitbringsel für Daheim

Eine Flasche richtig **edlen Portwein** aus dem Solar do Vinho do Porto › S. 14

Je nach Geldbeutel original antike **Azulejos** oder Kopien alter Vorbilder › S. 40